浙江省高职院校"十四五"重点立项建设教材
职业教育·通用课程教材

U0649897

新时代大学生劳动教育实务

第2版

袁道福　主　编

陈　凯　党　印　主　审

人民交通出版社

北京

内 容 提 要

本书为浙江省高职院校"十四五"重点立项建设教材、职业教育通用课程教材。本书依据《关于全面加强新时代大中小学劳动教育的意见》《大中小学劳动教育指导纲要(试行)》的要求编写而成。全书共分为劳动的内涵、劳动精神、劳动技能、劳动品质、劳动法规与安全、未来劳动六个模块,通过"案例导读""拓展阅读""思考训练""主题实践"等栏目,全面讲述劳动教育的基本内涵,使学生理解和形成马克思主义劳动观,弘扬劳动精神,培育诚实守信、遵纪守法等优良品质,强化安全意识,成为有理想、有本领、勇于担当的新时代劳动者。

本书适合作为职业院校劳动教育与职业素养教材,也可作为广大职业教育行业工作者的参考书。

＊为方便教学,本书配有教学课件,任课教师可加入"职教公共基础课教学研讨群"(教师专用 QQ 群号:985149463)获取。

图书在版编目(CIP)数据

新时代大学生劳动教育实务/袁道福主编. —2 版.
北京:人民交通出版社股份有限公司,2025.7.
ISBN 978-7-114-20612-2

Ⅰ. G40-015

中国国家版本馆 CIP 数据核字第 20251LC686 号

浙江省高职院校"十四五"重点立项建设教材
职业教育·通用课程教材
Xinshidai Daxuesheng Laodong Jiaoyu Shiwu

书　　名: **新时代大学生劳动教育实务(第2版)**
著 作 者: 袁道福
责任编辑: 袁　方　滕　威
责任校对: 赵媛媛　魏佳宁
责任印制: 张　凯
出版发行: 人民交通出版社
地　　址: (100011)北京市朝阳区安定门外外馆斜街 3 号
网　　址: http://www.ccpcl.com.cn
销售电话: (010)85285911
总 经 销: 人民交通出版社发行部
经　　销: 各地新华书店
印　　刷: 北京印匠彩色印刷有限公司
开　　本: 787×1092　1/16
印　　张: 9.75
字　　数: 200 千
版　　次: 2023 年 12 月　第 1 版
　　　　　 2025 年 7 月　第 2 版
印　　次: 2025 年 7 月　第 2 版　第 1 次印刷
书　　号: ISBN 978-7-114-20612-2
定　　价: 48.00 元

(有印刷、装订质量问题的图书,由本社负责调换)

前　言

[编写背景]

党的十八大以来,习近平总书记高度重视劳动教育。在 2018 年召开的全国教育大会上,习近平总书记强调:"要在学生中弘扬劳动精神,教育引导学生崇尚劳动、尊重劳动,懂得劳动最光荣、劳动最崇高、劳动最伟大、劳动最美丽的道理,长大后能够辛勤劳动、诚实劳动、创造性劳动。"党的二十大报告强调,"在全社会弘扬劳动精神、奋斗精神、奉献精神、创造精神、勤俭节约精神,培育时代新风新貌"。

2020 年 3 月,中共中央、国务院出台《关于全面加强新时代大中小学劳动教育的意见》,站在培养德智体美劳全面发展的社会主义建设者和接班人的战略高度,对切实加强新时代大中小学劳动教育作出全面部署,是构建德智体美劳全面培养的教育体系的重大举措。同年 7 月,教育部发布《大中小学劳动教育指导纲要(试行)》,进一步阐释了劳动教育的内涵与特征,明确了职业院校与高等院校劳动教育课程建设的目标与内容。劳动教育以关乎培养担当民族复兴大任的时代新人的战略高度,以贯通大中小学各学段的覆盖力度,以贯穿家庭、学校、社会的连接广度,以融合德育、智育、体育、美育的交叉尝试,成为全面贯彻落实新时期党的教育方针的重要内容。

[编写内容与特点]

本教材依据《关于全面加强新时代大中小学劳动教育的意见》和《大中小学劳动教育指导纲要(试行)》的要求编写而成,全书共六个模块:劳动的内涵、劳动精神、劳动技能、劳动品质、劳动法规与安全、未来劳动。本教材围绕学习劳动理论知识,树立正确的劳动观念,继承和发扬劳动精神、劳模精神和工匠精神等主要内容展开,辅以典型案例,构建了相对系统的专题化、模块化的教学体系。为了充分体现劳动教育课程的实践性特色,本书在每个模块的结尾设置了"主题实践"板块,旨在帮助学生将理论与实践相结合,在实践中转化所学,引导学生建立正确的劳动观念,形成正确的劳动习惯。

本次修订具有以下特点:

(1)充分融入课程思政。本教材主要培养学生弘扬劳动精神,树立正确的人生观、价值观、职业观,培养爱岗敬业、遵章守纪、乐于奉献的职业道德。

1

（2）教材内容体系完整。本教材编写团队在充分领会《关于全面加强新时代大中小学劳动教育的意见》《大中小学劳动教育指导纲要（试行）》文件精神的基础上，形成了全书的内容体系，能充分满足教学需求。

（3）突出"学"与"练"。本教材进行了教学改革，探索职业教育课程教学改革方法。新教材模式以课程化的实践体系为引导，以实践过程为教学主线，在每个模块结合教学内容设置了"主题实践"，并设置了"技能考核"和"学习过程评价"。

（4）配套资源丰富。为方便教学，本教材在"青蓝云数字教材平台"同步出版了数字教材，并配套了动画、课件等资源。使用本教材的教师均可利用上述资源，实现翻转课堂与混合式教学。

［编写分工］

本教材由浙江交通职业技术学院袁道福担任主编，浙江交通职业技术学院陈凯和中国劳动关系学院党印担任主审。具体分工如下：袁道福负责编写模块一和模块二，浙江交通职业技术学院李彦朝负责编写模块三，浙江交通职业技术学院林小平负责编写模块四，浙江交通职业技术学院顾晓波负责编写模块五，浙江交通职业技术学院王康负责编写模块六。

［致谢］

由于编者水平有限，书中难免存在不足和疏漏之处，恳请广大师生在使用后提出宝贵的意见和建议，以便我们及时进行修订。

编　者

2025 年 2 月

数字资源索引

资源使用说明：

1. 扫描封面二维码，注意每个二维码只可激活一次；

2. 长按弹出界面的二维码关注"交通教育出版"微信公众号并自动绑定资源；

3. 微信公众号弹出"购买成功"通知，点击"查看详情"，进入后即可查看资源；

4. 也可进入"交通教育出版"微信公众号，点击下方菜单"用户服务—图书增值"，选择已绑定的教材进行查看。

目　录

模块一

劳动的内涵

模块导学

劳动是人类最基本的实践活动，是人类社会存在和发展的根本条件。马克思主义劳动观揭示了劳动的本质和规律，为我们正确认识劳动，培养尊重劳动、热爱劳动的情感提供了科学指导。进入新时代，劳动形态发生了深刻变化，科技劳动、智能制造、服务性劳动等新兴劳动形态不断涌现，劳动和劳动者的社会化程度日益提高。

本模块将引导大学生深入学习马克思主义劳动观的思想内涵和当代价值，全面了解新时代劳动形态的新变化，掌握新时代劳动者社会化的基本要求，树立正确的劳动观念，提升劳动素养，成为德智体美劳全面发展的社会主义建设者和接班人。通过将理论学习与实践体验相结合，帮助大学生深刻理解劳动最光荣、劳动最崇高、劳动最伟大、劳动最美丽的时代内涵，促进大学生在劳动中成长成才，在奋斗中实现人生价值。

思维导图

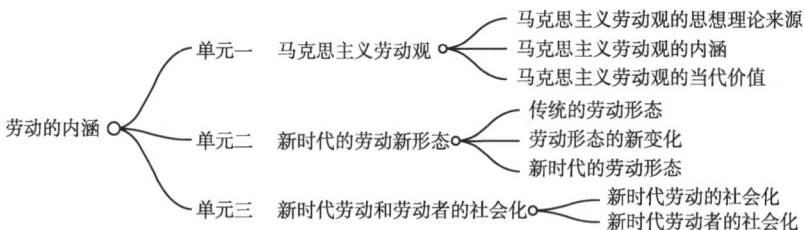

劳动的内涵
- 单元一 马克思主义劳动观
  - 马克思主义劳动观的思想理论来源
  - 马克思主义劳动观的内涵
  - 马克思主义劳动观的当代价值
- 单元二 新时代的劳动新形态
  - 传统的劳动形态
  - 劳动形态的新变化
  - 新时代的劳动形态
- 单元三 新时代劳动和劳动者的社会化
  - 新时代劳动的社会化
  - 新时代劳动者的社会化

学习目标

知识目标

1. 了解马克思主义劳动观的思想理论来源和内涵，理解其当代价值。

2. 把握新时代劳动的新形态，了解新时代劳动与社会的关系。

3. 理解新时代劳动者社会化的内涵和实现途径。

能力目标

1. 在学习、工作和生活中自觉践行马克思主义劳动观，将其作为行动指南。

2. 掌握新时代劳动者社会化的途径，紧跟时代步伐，成为一名合格的新时代劳动者。

3. 能够正确分析和把握新时代劳动形态的发展趋势。

素质目标

1. 理解马克思主义劳动观的当代价值，树立正确的劳动观，增强对劳动的重视程度。

2. 基于对新时代劳动形态变化的了解,自觉提升自身劳动素养。

3. 培养适应新时代要求的劳动精神和职业素养。

案例导读

雪线邮路的幸福使者——其美多吉

其美多吉在雪线邮路上工作 30 年,行驶总里程达 150 万千米;驾驶重达 12 吨的邮车,每月都不少于 20 次往返在有"川藏第一高""川藏第一险"之称的雀儿山;仅 2018 年,他带领班组安全行驶 62.49 万千米,向西藏自治区运送邮件 41 万件,运送省内邮件 37 万件,连续 30 年机要质量全红。在工作途中,他曾遇歹徒持刀抢劫,身中 17 刀,肋骨被打断 4 根,头盖骨被掀掉 1 块。30 年来,他没有在运邮途中吃过 1 顿正餐,只在家里过了 5 个除夕……只为将每一份承载着爱与信任的邮件送达。

出生于 1963 年的其美多吉,是四川省甘孜藏族自治州德格县龚垭镇人,1989 年进入邮政企业,现任中国邮政集团公司四川省甘孜藏族自治州分公司长途邮运驾驶员、驾押组组长。2016 年,其美多吉所在的康定—德格邮路车队当选交通运输部"中国运输领袖品牌";2018 年,康定—德格邮路被交通运输部命名为"其美多吉雪线邮路"。其美多吉本人曾入选"中国好人榜""2016 年度感动交通十大年度人物",曾获"四川省五一劳动奖章"。

"最危险的路段就是从甘孜到德格,尤其是雀儿山,夏天的时候要行驶 6 到 8 小时,冬季从 10 月到次年 5 月,整个山上都是风雪路面。刚上山可能是大太阳,到了山顶就不一定了。"在其美多吉看来,有"川藏第一高""川藏第一险"之称的雀儿山主峰海拔 6000 多米,荒凉孤寂,他驾驶邮车送来的家书和外面的讯息,对常年驻守的道班工人们来说就是最温暖的慰藉。

谈起第一次翻越雀儿山,其美多吉印象深刻:"路面窄,我比别人速度慢很多,后面的车不断按喇叭想超车,但没地方让啊,只能开到路宽的地方停一下。因为真的太紧张、太小心了,车速很慢,停下来的时候,我发现车轱辘都发烫了。"

(图片来源:《雪线邮路的幸福使者》,《求是》,2019 年第 4 期)

目前,甘孜藏族自治州邮政分公司拥有 42 辆长途邮车、41 名长途邮车驾驶人员,州内邮路往返 6516 千米,要翻越 17 座海拔 4000 米以上的大山。其美多吉所在的驾驶组,驾驶员年龄最大的 55 岁,最小的 25 岁。

其美多吉驾驶技术好、路况熟,川藏线上无人不知,很多人都劝他换个更轻松、更挣钱的工作。"这份工作培养了我,我就要对得起这份工作!"其美多吉没有豪言壮语,但每一句话都既朴实又坚定。

雪线邮路上的 30 年,其美多吉见证了祖国对藏族聚居地的巨大扶持,看到了家乡日新月异的巨变。其美多吉说:"我是一个地道的康巴人,我知道要感恩。每当老百姓看到邮车和我,就知道党和国家时时刻刻关心着这里。我们每一颗螺丝钉都是在为藏族聚居地发展作贡献,我热爱我的工作。"

(改编自中共国家邮政局党组的《雪线邮路的幸福使者》,《求是》,2019 年第 4 期)

💡 引导问题

1. 其美多吉 30 年坚守雪线邮路体现了怎样的劳动精神?这对当代大学生有何启示?

2. 从马克思主义劳动观的角度,如何理解其美多吉所从事的邮运工作的价值和意义?

3. 其美多吉的工作经历反映了劳动与社会发展的什么关系?

4. 新时代背景下,像其美多吉这样的劳动者应具备哪些素质和能力?

单元一　马克思主义劳动观

一、马克思主义劳动观的思想理论来源

人类对劳动的认识由来已久。在马克思主义诞生之前,人们就已经对劳动展开了深入研究,并形成了不同的观点和理论,这些观点和理论都为马克思主义劳动观的形成提供了肥沃的土壤。

在古希腊时期,荷马和赫西俄德基于当时的社会现实,将劳动视为一种奴隶的活动,一种在压迫下的不自由的人类活动。哲学家苏格拉底认同农业劳动的重要意义,认为农业劳动可以塑造守卫者;同时代的柏拉图和亚里士多德则认为劳动是底层人民的专属。中世纪,基督教在西方广泛传播,其教义认为人生来就带有"原罪",劳动是人类必须经历的艰辛与痛苦,其负面影响是显而易见的。在文艺复兴和启蒙运动之后,劳动逐渐被认为是一项

正常的人类活动。

18世纪，英国掀起第一次工业革命，工厂这种生产形式的出现，给社会生产方式和生产关系带来了巨大变革，机械化大生产冲击了传统的手工生产。这次工业革命开创了以机器生产代替手工劳动的时代，不仅极大地提高了社会生产力，还引起了重大的社会变革，使社会日益分裂成为两大对抗阶级，即占有生产资料的工业资产阶级和出卖劳动力的无产阶级。

19世纪三四十年代，英国、法国、德国等国家的无产阶级开始发起独立的政治运动，最具代表性的就是著名的欧洲三大工人运动，即法国里昂纺织工人的两次起义、英国宪章运动和德国西里西亚纺织工人起义。这些工人运动为马克思、恩格斯进行理论研究提供了丰富的社会材料。

与此同时，欧洲各种思潮澎湃，其中，德国古典哲学、英国古典政治经济学和法国空想社会主义学说空前繁荣。德国古典哲学中黑格尔的辩证法和费尔巴哈的唯物主义为马克思提出辩证唯物主义和历史唯物主义提供了前提条件；英国古典政治经济学探索了资本主义制度下财富生产和分配的规律，为马克思创立剩余价值理论做了前期准备；法国空想社会主义学说提出了"实行公有制""人人劳动，按需分配"等社会主义基本原则，对马克思、恩格斯构建社会主义产生了积极的影响。

二、马克思主义劳动观的内涵

在马克思主义理论体系中，有很多关于劳动的论述。马克思主义劳动观的内涵包括以下三个方面。

（一）人是劳动的产物，劳动创造了人类生存所必需的全部物质条件和精神条件

在《自然辩证法》中，恩格斯提出了"劳动创造了人本身"这一著名论断，并对其进行了详细阐述。恩格斯还进一步指出："政治经济学家认为劳动是一切财富的源泉。其实，劳动和自然界在一起才是一切财富的源泉，自然界为劳动提供材料，劳动把材料变为财富。但是劳动的作用远不止于此。它是整个人类生活的第一个基本条件，而且达到这样的程度，以致我们在某种意义上不得不说：劳动创造了人本身。"

（二）劳动是人类全部社会关系形成和发展的基础

劳动是人类的第一需要，主要表现在劳动是人类生存和发展的基本条件。人们在劳动过程中，一方面与自然界产生联系；另一方面又形成了生产关系。劳动在人类社会的产生和形成中起了决定性作用。按照马克思主义

马克思主义
劳动观的内涵

的观点,生产力和生产关系、经济基础和上层建筑这两对社会基本矛盾,推动了人类社会的发展。在这两对社会基本矛盾中,生产力是最活跃、最革命的因素,也是对人类社会发展起决定作用的因素。

(三)劳动推动社会全面发展

物质生产劳动是整个社会存在和发展的前提和基础,也是社会生活、政治生活及精神生活等其他生活的根本制约因素。马克思指出,任何一个民族,如果停止劳动,不用说一年,就是几个星期,也要灭亡,这是连小孩都知道的道理。① 生产劳动满足了人类的衣、食、住、行等基本生活需要,人类在此基础上才能从事其他方面的活动。只有生产劳动发展了,人们的普遍交往才能随之建立和发展起来,同时发展起来的还有人们其他方面的生活。劳动的这种创造和决定关系并不仅仅体现在结果中,还体现在生生不息的劳动过程中。随着劳动的发展,整个社会和人本身都获得发展,并收获了价值和幸福。所以,劳动是社会和人类发展的根据,它不仅是社会存在和发展的前提,而且决定着社会的形式和性质,并从根本上推动着社会的发展。

■ **拓展阅读**

红旗渠精神永不过时

20世纪60年代,河南林县(现林州市)人民为了改变千百年来缺水的困境,坚信"与其苦熬,不如苦干",立誓重整林县河山。他们历时10年,修建了中国的水上长城、天下第一人工河——红旗渠。当时参加工程修建的干部群众有30多万人,他们经受了困难时期的考验,在环境极其恶劣、条件十分欠缺的情况下,凭借一锤一钎一双手,削平山头1250座、凿通隧道211个、架设渡槽152个、挖砌土石1640万立方米,在沟壑纵横、悬崖绝壁叠生的太行山上修成长达1500千米的人工天河。

(图片来源:《红旗渠:让太行山低头的"人工天河"》,河南省文物局网站)

---

① 马克思:《致路德维希·库格曼(1868年7月11日)》,载《马克思恩格斯选集》第4卷,北京:人民出版社,1995年,第580页。

面对如此巨大的困难,林县人民敢于与天斗、与地斗,敢教日月换新天,创造性地发挥了自身的智慧,创造人间奇迹,孕育了"自力更生,艰苦创业,团结协作,无私奉献"的红旗渠精神。自力更生是根基,艰苦创业是根本,团结协作是核心,无私奉献是源泉。

红旗渠精神体现了马克思主义劳动观的深刻内涵,展现了劳动创造历史、劳动改变命运的伟大力量。在新时代,红旗渠精神仍然具有重要的现实意义,激励着我们在实现中华民族伟大复兴的征程中艰苦奋斗、开拓进取。

(改编自《红旗渠精神历久弥新,永远不会过时》,人民网,2021-11-11)

三、马克思主义劳动观的当代价值

(一)有利于新时代坚持和发展中国特色社会主义

马克思主义劳动观不仅在人类劳动学说史上具有重要的理论价值和历史地位,而且对当代社会的发展有重要的指导作用,尤其是对新时代坚持和发展中国特色社会主义、实现中华民族伟大复兴、帮助新时代青年树立正确的劳动观具有十分重要的意义。

目前,我国社会主要矛盾已转化为人民日益增长的美好生活需要和不平衡不充分的发展之间的矛盾。这一社会主要矛盾,正是基于当前社会生产关系和生产力之间关系的变化而得出的。要解决这一矛盾,必须树立马克思主义劳动观,正如习近平总书记2013年4月28日在同全国劳动模范代表座谈时的讲话中所指出的:"人世间的美好梦想,只有通过诚实劳动才能实现;发展中的各种难题,只有通过诚实劳动才能破解;生命里的一切辉煌,只有通过诚实劳动才能铸就。"[1]新时代坚持和发展中国特色社会主义,必须坚持以人民为中心的发展思想,不断促进人的全面发展、全体人民共同富裕,奋力实现社会主义现代化和中华民族伟大复兴,把我国建成富强、民主、文明、和谐、美丽的社会主义现代化强国。

(二)有利于新时代培育和践行社会主义核心价值观

马克思主义劳动观是社会主义核心价值观的重要组成部分。一个人、一个家庭、一个民族、一个国家只有秉承"劳动最光荣、劳动最崇高、劳动最伟大、劳动最美丽"的观念,才能在具体的工作劳动中获得自信心、成就感和归属感。劳动是平等的,没有高低贵贱之分,不论是繁重的体力劳动,还是辛劳的脑力劳动,都是社会存在和发展所必需的。"三百六十行,行行出状元",劳动者只要在劳动中踏实肯干、爱岗敬业,就应该得到社会的尊重。我

---

[1]习近平:《在同全国劳动模范代表座谈时的讲话》,《人民日报》2013年4月28日。

们必须在全社会大力弘扬劳动精神，提倡热爱劳动、投身劳动、爱岗敬业，让"劳动光荣、创造伟大"成为铿锵的时代强音，让"劳动最光荣、劳动最崇高、劳动最伟大、劳动最美丽"的观念蔚然成风。

（三）有利于培育新时代青年正确的劳动观

改革开放以来，伴随着经济社会的高速发展，一些不良风气在社会中滋生。很多人忘记了辛勤劳动会带来物质财富和精神财富，渐渐沉迷于投机取巧以获取暴利。一些人"金钱至上"，认为金钱是万能的，是衡量一切行为的标准，盲目地崇拜金钱，忘却了劳动这一祖先留给我们的无价财富。广大青年是建设新时代中国特色社会主义的中坚力量，也是新时代中国特色社会主义的接班人。我们在面对价值多元、信仰迷失等问题时，应该自觉地将马克思主义劳动观作为自己的行动指南，树立科学高尚的人生追求。作为新时代中国特色社会主义建设者和接班人，我们要有担当、有能力、有自信，以劳动托起中国梦。

■ **拓展阅读**

部分青少年劳动价值观异化的现象分析

近年来调研发现，一些青少年产生了好逸恶劳、嫌贫爱富、不劳而获等不良心态，折射出当前劳动价值观的缺失和异化。如何教育引导学生崇尚劳动、尊重劳动，长大后辛勤劳动、诚实劳动、创造性劳动，成为亟待解决的问题。

现象一：好逸恶劳、嫌贫爱富，不尊重劳动和普通劳动者。受社会不良风气以及家庭教育不当的影响，一些孩子从小形成了"劳动分贵贱"的错误价值观。

现象二："老儿童""巨婴"越来越常见。某高校女大学生，一上大学就带妈妈过来陪读。妈妈白天在外面打工，早中晚来校送饭，给她洗衣服，还承包了宿舍的卫生。除了这种陪读的，还有大学生定期寄脏衣服回家洗，或者花钱雇钟点工去宿舍打扫卫生，生活自理能力堪忧。

现象三：部分青少年存在不劳而获、坐享其成的苗头。当前，大中小学生超前消费的苗头已经显现。中小学生使用奢侈品、高档化妆品的新闻频现报端，大学"校园贷""裸贷"层出不穷。

现象四：不思进取，"啃老"现象日益凸显。有些青年比起踏实工作，宁可回家"啃老"，每天在家上网打游戏，或者拿着父母的钱周游世界，吃喝挥霍。

现象五：年轻人宁送外卖不进工厂。职校毕业生不愿进工厂，青年择业、就业观扭曲，工匠流失严重。记者在采访中发现，珠三角、长三角企业频现"用工荒"。大量技术工人从制造业流失，而这些技术工人恰恰又是中国制造业转型升级紧缺的人才。

这些现象是青少年劳动价值观缺失和异化的典型表现。现象一,反映出部分青少年劳动平等观的缺失,鄙视劳动,不尊重劳动;现象二,反映出部分青少年劳动习惯的缺失,不会劳动,更不热爱劳动;现象三,反映出部分青少年辛勤劳动的观念的缺失,好逸恶劳,追求一夜暴富;现象四,反映出部分青少年不劳而获的思想、"躺平"的观念和行为;现象五,反映出错误劳动观所造成的社会后果,即对于技能成才的淡漠。缺乏正确的劳动观,就会影响到青年学生的成长成才,更会影响到时代新人的培育和中华民族伟大复兴的实现。因此,应切实加强对大学生的劳动教育,特别是要将马克思主义劳动观贯彻始终。

(改编自《焦点深谈:劳动教育,请别"沉没"》,半月谈网,2019-06-10)

单元二 新时代的劳动新形态

一、传统的劳动形态

(一)物质劳动

马克思在《资本论》中提出,劳动首先是人和自然之间的过程,是人以自身的活动来引起、调整和控制人与自然之间的物质变换的过程。[①] 物质劳动具有以下三个特点:①物质劳动以劳动工具为手段;②物质劳动的对象是自然资源;③从事物质劳动的目的是创造满足人类生产生活所需要的物质产品。

原始性物质劳动指的是人最初所从事的动物式的本能的劳动。在唯物史观中,这种原始性物质劳动是人自我进化的历史起点,也是人与人之间建立联系、形成人类社会的基础和纽带。在人类社会形成之初,仅有以自然资源为劳动对象的物质劳动,人们借助劳动工具,从自然界直接获取资源,或者对自然资源进行初步加工,劳动目的是创造人类活动所需要的物质产品。随着社会进步,生产力有所提升,劳动工具不断改进,劳动对象范围逐渐扩大,物质劳动从简单的自然资源采集和加工扩大到金属冶炼和以手工为主的加工制造业的劳动。伴随着现代化工业进程的推进,加工制造业的范围逐渐拓宽,劳动分工日益精细化和专业化。

(二)非物质劳动

随着社会生产力的发展,劳动的形态逐渐发生变化,分化出非物质劳

传统的劳动形态

[①]马克思:《资本论》第1卷,北京:人民出版社,2004年,第207-208页。

动。非物质劳动是指不直接创造物质财富的一切非物质生产部门的劳动者的劳动，基本上是为生产和生活服务的劳动。服务性劳动就属于非物质劳动，也是社会生产发展之所需。例如，商品流通、信息咨询、中介服务、餐饮旅游、金融保险等领域的劳动，虽然不能直接创造物质财富，但为社会提供了必要的生产服务和生活服务。随着生产力的发展，非物质劳动，尤其是服务性劳动，变得越来越重要，逐渐成为社会生产的主要方面。

二、劳动形态的新变化

（一）科技劳动是重要的生产劳动

科学技术的飞速发展，使一切生产要素，包括工具、工艺、劳动者的技能和智力水平都发生了根本性变化。科学技术已渗透到社会生产的各个环节，成为推动经济发展的决定性因素。

科技劳动成为推动经济社会发展的高效劳动，创造了更多的价值和财富。例如，在农业机械化转型升级的过程中，许多机械化、智能化的设备投入生产，如自动牧草打捆机、大葱种植机等机器的使用，以及3D视觉技术、GPS导航技术、5G技术等的应用，都大大提高了劳动效率，加速了农业现代化发展。

（二）经营管理成为重要的劳动形态

科学技术迅猛发展，市场竞争日趋激烈，劳动的综合性和整体性大大增强，对企业的经营管理提出了更高要求。经营管理作为一种复杂的、特殊的脑力劳动，在现代经济中的重要性日益凸显，在价值创造中的作用越来越大，成为现代劳动的一种重要形式。

随着时代的不断发展，企业唯有不断创新，才能发展和兴旺。这就要求现代企业经营管理者既要掌握专业知识、现代信息手段、市场知识，能够制定资本运营战略和企业发展战略，也要具有适应变化的决策能力、激励政策的设计能力以及人际交往能力，并在管理、经营、技术等方面具有一定的创新能力。现代企业经营管理是一种复杂、高级、对经营管理者的素质要求极高的脑力劳动，可以创造更多的价值和财富，在企业的生产、销售和服务过程中都起着至关重要的作用。

（三）服务性劳动日益重要

科学技术的发展给产业结构带来了巨大变化，导致传统的生产劳动不再局限于物质生产领域，而是延伸至社会服务领域和精神文化领域。具体表现为第一产业和第二产业在国民经济中所占的比重呈下降趋势，而第三产业在国民经济中占有越来越大的比重，发挥着越来越重要的作用。国民经济中第三产业所占比重能在一定程度上反映一个国家的现代化水平。在发达国家,该比重超过50%,甚至达到80%。

党的十八大以来,我国生活性服务业的发展大大促进了产业结构、消费结构的转型升级,推动了消费需求新热点的形成。旅游、文化、体育、健康、养老等"幸福产业"蓬勃发展,在扩大就业、提升就业质量和居民生活品质方面发挥了重要作用。在许多地方,生活性服务业的迅速发展促进了城市公共服务向农村延伸,推动城乡基本公共服务趋于同步,为实施乡村振兴战略作出了重要贡献。为满足人民群众的生活需要,一些城市综合提升居民生活品质,建设宜居宜业宜游环境,推进生活性服务业集聚区建设,打造国际化都市商圈,有效推动了生活性服务业集聚集群集约发展和标准化、品牌化建设,大力提升了其质量、效益和竞争力。

综上所述,相较于传统的劳动形态,新时代的劳动在主体、内容、形式、对象、目的等方面均发生了巨大变化。随着时代的进步、科技的发展,劳动形态也会与时俱进。

三、新时代的劳动形态

劳动是人类创造财富的活动,树立正确的劳动观念、提升劳动素养对每个人都至关重要。新时代的劳动形态可分为新时代生活劳动、新时代生产劳动和新时代服务性劳动三大类,它们之间相互交融,相辅相成。

> 新时代的劳动形态

(一)新时代生活劳动

生活劳动是指可以直接满足生活需求的劳动,不仅可以为人们提供舒适、整洁的生活环境,还可以促进人的健康。新时代背景下的生活劳动主要包括日常生活劳动和其他生活劳动。

(1)日常生活劳动,包括洗衣服、打扫卫生、买菜、做饭、浇花等。通过日常生活劳动,大学生不仅可以提高生活技能,还可以提升自我。只有体会到劳动的乐趣,认识到劳动的价值与意义,大学生才能不断成长、不断进步,成为一名可造之才。

(2)其他生活劳动,如布置装饰房间、检修维护家用电器等,不仅可以为家庭成员带来舒适的生活环境,营造温馨的生活氛围,排除安全隐患,而且可以帮助大学生增强安全意识,培养细心、认真、负责的生活态度。

(二)新时代生产劳动

1.现代农业生产劳动

现代农业是以现代科学技术为基础、利用现代工业提供的生产资料发

展起来的农业,包括设施农业、观光农业、精准农业、太空农业等。现代农业大大提高了农业产出,它区别于传统农业的关键在于农业科技的参与,如培育良种、改进灌溉技术、改良作业方式等。现代农业不再局限于传统的农产品供给功能,还开始承担生活休闲、生态保护、旅游度假、文化传承等功能。现代农业生产对劳动者提出了更高要求,需要劳动者成为有知识、懂技术、会经营的新型职业农民。大学生通过进农村、下田地,积极参加农业生产劳动,了解农业生产过程,可以体会农民的不易与艰辛。

2. 先进工业生产劳动

随着第三次科技革命的爆发和经济全球化的发展,工业生产发生了巨大变革,传统制造业逐渐衰落,先进工业生产应运而生。先进工业生产相对于传统制造业而言,具有制造技术的先进性、管理技术的先进性以及产业或产品的先进性。发展先进工业生产的最终目标是实现产品的数字化设计、自动化生产、信息化管理以及网络化经营。

随着科技的进步,先进工业生产的自动化和智能化程度越来越高,对劳动者的要求也越来越高,需要劳动者成为一专多能、有着强烈责任感以及团队协作精神的复合型人才。大学生积极下厂劳动,学习与先进工业生产相关的专业知识,有利于提升劳动技能,深刻认识到劳动要素、资产要素、技术要素、管理要素对工业生产的重要影响;同时,有利于了解劳动的多样性,认清工业生产的发展前景,在今后自身发展方面获得一些参考和启迪。

■ 大国工匠

一个人扛起整条生产线

一个人扛起整条生产线,完成200套消毒设备的生产,这是一种怎样的体验?

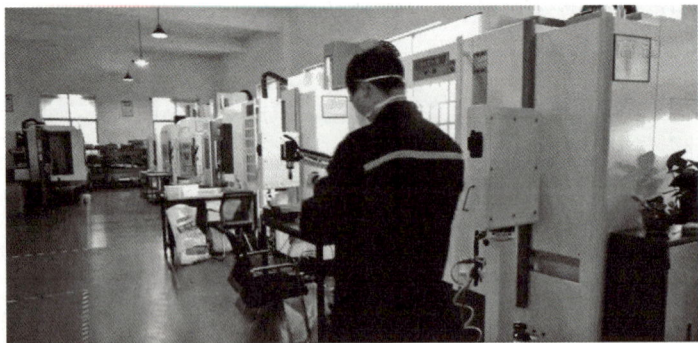

(图片来源:《了不起的螺丝钉 袁传伟:一个人的生产线》,央广网)

2020年1月26日,江苏省苏州市一家精密机械公司的负责人袁传伟接到合作伙伴的电话,得知湖北省武汉市发生新冠疫情,医院急需消毒设备。由于工人们被疫情阻隔在家，袁传伟便一人扛起整条生产线，从1月27日开始，连续16天独自坚守在生产线上。编程、加工、质检等以往需要5个人协同完成的工序，如今他一个人独扛。袁传伟废寝忘食，唯有在机器自动切割的那20分钟，才能在沙发上打个盹。最终，袁传伟一个人完成了200套设备订单，并成功发往湖北。如今，谈起那段连轴转的日子，他说："我感觉，我从来就没有一个人战斗，大家都是在一起心连心，(医护人员)比我们付出得多，还有在每个卡口防控疫情的人，他们更辛苦。"袁传伟觉得自己从来不是一个人在战斗，大家心连心在一起，为抗击疫情做出努力。

(改编自《了不起的螺丝钉 袁传伟：一个人的生产线》，央广网，2020-02-15)

⌐价值引领 ──

> 袁传伟面对疫情危机，主动承担社会责任，一个人完成五个人的工作量，展现了精湛的专业技能和精益求精的工匠精神。他16天连续奋战的坚守，体现了无私奉献和实干兴邦的时代品格。更可贵的是，他始终怀有集体主义情怀，将个人奋斗自觉融入全民抗疫大局，诠释了个人价值与社会价值的有机统一，是践行社会主义核心价值观的生动典型。

3. 智能制造生产劳动

20世纪80年代，人们首次提出智能制造时，只是单纯地期望在某些生产情境下以智能机器人代替部分人力。随着人口老龄化和劳动力数量减少，智能化生产将在经济发展中扮演越来越重要的角色。工业和信息化部、国家发展改革委、教育部、科技部、财政部、人力资源社会保障部、市场监管总局、国资委等八部门联合发布的《"十四五"智能制造发展规划》提出："智能制造是制造强国建设的主攻方向，其发展程度直接关乎我国制造业质量水平。发展智能制造对于巩固实体经济根基、建成现代产业体系、实现新型工业化具有重要作用。"

智能制造业的快速发展为大学生的能力提升提供了良好的机遇。大学生应积极参与智能制造大赛，探索具有引领性的人工智能(AI)技术在工业领域的深度应用，提高创新能力和团队协作能力。有条件的大学生，可以到智能制造工厂参观、实习，了解智能制造技术及其应用，了解智能制造业对人才的需求，为未来就业做准备。

4. 创新创业型生产劳动

随着信息技术的飞速发展和全球经济一体化的迅猛推进，"大众创业、万众创新"已经成为当今经济和社会发展的主要力量源泉。大众创业正在成为劳动者寻找新的定位、创造新的价值的有效途径。大学生应具有扎实的专业知识和较强的创新精神，积极参与各类社会实践、技能大赛和创新创业大赛，提高自身的专业技能和创新创业能力。

（三）新时代服务性劳动

新时代服务性劳动包括社会服务劳动、科技服务劳动和新型服务劳动。

1. 社会服务劳动

社会服务劳动是指在教育、医疗、家政、文化和旅游等社会基础服务领域付出的劳动，其不以营利为目的，具有无偿性或低偿性。当前大学生开展的社会服务劳动主要包括暑期"三下乡"（文化、卫生、科技下乡）、社会调查、暑期实习、志愿者服务等。通过参加社会服务劳动，大学生可以走出校门、深入基层、服务群众，并在此过程中提高思想觉悟，增强服务意识，投身社会主义现代化建设。

2. 科技服务劳动

科技服务业是指运用现代科技知识、现代技术和分析研究方法，以及经验、信息等要素向社会提供智力服务的新兴产业，具有人才智力密集、科技含量高、产业附加值大、辐射带动作用强等特点。

科技服务劳动在生产生活中占据着重要的地位，发挥着重要的作用。科技服务劳动可以降低生产成本，提升产品质量，提高生产效率，减少环境污染，增加经济收益。参加科技服务劳动实践，对大学生来说具有以下重要意义。

（1）通过科技服务劳动实践，大学生可将专业知识和技术应用于生产实践，通过生产实践验证科研成果，体验社会生产与科学研究的差异，让科学研究以科技服务劳动的形式在生产实践中落地生根。

（2）通过科技服务劳动实践，大学生可培养社会责任感，增强服务意识，将科研成果应用到生产实践中以回馈社会，在推动经济建设和社会发展的同时，增强社会责任感和奉献精神。

（3）通过科技服务劳动实践，大学生可提高科学素养和学术修养。在科技服务劳动实践中，大学生要杜绝不端行为，做到不剽窃他人学术成果、不篡改编造数据。

（4）通过科技服务劳动实践，大学生可培育创新精神和创新能力。创新精神和创新能力是社会发展的动力，没有创新精神和创新能力的人很容易被社会抛弃；创新精神和创新能力要从实践中培养，创新成果也要经得起实践的检验。

3.新型服务劳动

新型服务劳动是在市场经济条件下和科学技术高度发展的背景下产生的一种复杂劳动。首先,新型服务业在整个服务业的比重不断提高,形成了便捷、智慧、安全的体系。例如,快递、外卖、电商等服务逐渐融入人们的生活,对传统服务业影响较大。其次,新型服务劳动更多依靠创新驱动。例如,智能机器人、自动驾驶、电子支付等技术的涌现,不仅为生活带来方便,而且降低了人力资源成本,更为服务业的发展带来生机。在人工智能技术快速发展的新时代,部分传统劳动将逐渐退出历史舞台,社会对传统劳动者的需求逐年递减。与传统服务劳动相比,新型服务劳动对劳动者自身的知识技能的要求越来越高,但这也意味着更多的机遇、更好的工作环境、更人性化的管理、更少的劳动时间以及更多的劳动报酬。

■ 行业榜样

天使妈妈李美玲

李美玲从事儿童福利工作22年,在基层任劳任怨为近200名孤残儿童服务,是这些"折翼天使"心中的好"妈妈"。虽非亲骨肉,依然父母心。在保育院工作时,李美玲一人照顾22个残疾孩子,不仅要负责他们的康复护理、特殊教育、吃喝拉撒等,还要"忙里偷闲"哄抱撒娇的宝宝们,满足宝宝们对于母爱的渴望。

2020年,突如其来的新冠疫情打乱了人们的正常生活,为了保障孤残儿童的身体健康和生命安全,她24小时坚守岗位100多天,和同事一起负责环境消毒、发放防疫物资、排查安全隐患的工作,并走访寄养家庭,疏导家长的心理压力,关心了解儿童在寄养家庭的生活和学习情况,帮助其解决困难。为恢复和增强儿童的身体功能,使这些孩子更好地融入社会,李美玲不断探索创新,与同事一起用鲜活的案例诠释特殊教育的内涵。她主持编写了13万字的《儿童幸福成长康教活动100例》,此书的出版填补了本土孤残儿童康复教育范本的空白。她始终战斗在儿童福利事业第一线,践行着一名共产党员和基层干部的初心和使命。

李美玲在儿童福利工作中作出了突出的贡献,她在岗位上尽心尽责的精神值得我们学习。

(改编自《榜样的力量!青岛"十大新时代最美劳动者"名单公布 来听听他们的故事》,青岛新闻网,2020-10-21)

单元三　新时代劳动和劳动者的社会化

一、新时代劳动的社会化

劳动社会化是一个与生产力发展相联系的概念，它指的是个体生产者分散进行的劳动转变为由劳动协作与社会分工联系起来的社会化劳动的过程。这种社会化必然要求生产过程中的各种职能的专业化，即把分散的、孤立的、在从事这一生产的每个主体中各自重复着的职能，变为社会化的、集中在一个新主体的、以满足整个社会需要为目的的职能。

劳动社会化的本质是生产力的发展和社会化，劳动社会化的过程就是社会分工不断深化的过程，劳动社会化的最终结果是实现真正的社会化劳动。新时代的劳动社会化必将进一步促进经济的发展与进步，推动现代化进程。

新时代劳动社会化的内容主要包括以下三方面。

（1）生产资料使用的社会化。生产资料由单人分散使用变为多人共同使用，以达到节约生产资料的目的。

（2）劳动操作过程的社会化。劳动操作过程日益分解，不同部分由不同的专业人员负责，从而使最终产品成为许多人共同完成的、名副其实的社会产品。

（3）劳动成果的社会化。劳动的目的不仅是满足劳动者个人的需要，而且是满足他人、市场和社会的需要。

二、新时代劳动者的社会化

劳动者社会化强调人作为劳动者的身份，是与特定岗位以及特定劳动环境相联系的，是一个面向工作、面向具体劳动岗位的社会化过程。劳动者只有在具体的工作、劳动岗位中，才能完成其社会化过程。具体而言，劳动者社会化指的是将一个社会人转变成一个合格的劳动者，使其在适应一定的时代、文化、社会环境以及工作环境的同时，掌握所需要的劳动技能。

新时代劳动者的社会化可以通过以下途径实现。

（一）学习和掌握一个职业应当具备的知识与技能

2020年11月24日，习近平总书记在全国劳动模范和先进工作者表彰大会上的讲话中指出："劳动者素质对一个国家、一个民族发展至关重要。当今世界，综合国力的竞争归根到底是人才的竞争、劳动者素质的竞争……要适应新一轮科技革命和产业变革的需要，密切关注行业、产业前沿知识和技术进展,勤学苦练、深入钻研,不断提高技术技能水平。"[1]

很多人在进入劳动组织并成为正式员工之前,已经通过家庭、学校等的教育,获得了一定的专业知识和劳动技能。但是要成为一名真正的劳动者,仍需经过一段时间的劳动培训。实际工作岗位所需的知识、技能及能力等,通常只有通过在实际或近似实际的劳动环境及工作实践中,接触具体的设备、生产流程,与工作团队进行技术交流等才能真正获得。大学生在日常学习中要注意进行个人职业生涯的规划,明确自己的劳动责任,有针对性地学习和掌握所需的知识和技能。

(二)了解和学习劳动规范,融入企业文化

为保证正常运行,任何劳动组织都有一整套制约劳动者行为的制度、惯例、公约、习俗,这些统称为劳动规范。在工作环境中发生的所有事情,如工作和休息、分工和协作、承担职责和行使职权等,都应在一定的劳动规范的制约下进行。新进入劳动组织的人,都有一个从了解、遵守劳动规范到吸收的过程。只有顺利完成这一过程,劳动者才能在劳动组织中正常生存和成长,真正成为劳动组织的一员。

劳动规范是企业文化的组成部分,每个企业的文化环境是不同的,也就是说,每个企业都有自己独特的企业文化,这表现为企业具有自己独特的管理方法、行为准则,并且企业的员工具有共同的价值观、共同的行动准则、共同的目标和共同学习的榜样。对于新时代的劳动者来说,他们不仅应该熟悉企业特定的工作环境,而且应该尽快了解企业的文化环境并融入企业文化。

(三)适应人际关系,完成角色转变

在学习劳动技能、劳动规范并融入企业文化的同时,劳动者还应当学会正确处理人际关系,实现角色转换,正确定位和发挥自己的社会角色。社会角色是指与一定社会地位和身份一致的一整套权利、义务的规范和行为模式,是人们对具有特定身份的人的行为期望,它构成了社会团体或组织的基础。个体在家庭中扮演家长/子女的角色,在学校里扮演老师/学生的角色。当个体走向劳动岗位时,同样面临角色定位的问题。

在这个过程中,个体对社会环境的适应与调节不仅包括社会方面的内容,也包括心理方面的内容。特别是对于刚从学校毕业进入劳动岗位的大学生而言,这一过程相当复杂且漫长。他们需要强大的社会适应能力,不仅要掌握广泛的知识和技能,而且要尽快适应工作环境,迅速定位并扮演好其

---

①习近平:《在全国劳动模范和先进工作者表彰大会上的讲话》,《人民日报》2020 年 11 月 25 日。

社会角色。大学生往往存在学习能力较强而社会交往能力较弱的问题,因而应在学习之余多参与社会实践,锻炼人际交往能力,逐步培养社会化的心理意识,这有助于大学生顺利完成个人角色的转变。

思考训练

一、选择题

1. 恩格斯在哪部著作中提出了"劳动创造了人本身"的著名论断?（   ）

    A.《资本论》   B.《自然辩证法》

    C.《反杜林论》   D.《共产党宣言》

2. 18世纪英国第一次工业革命的重要意义在于(   )。

    A. 提高了手工劳动的效率

    B. 开创了以机器生产代替手工劳动的时代

    C. 消除了社会阶级分化

    D. 实现了生产资料公有制

3. 红旗渠精神的内涵是(   )。

    A. 实事求是,与时俱进,勇于创新,艰苦奋斗

    B. 自力更生,艰苦创业,团结协作,无私奉献

    C. 解放思想,实事求是,与时俱进,求真务实

    D. 爱国主义,集体主义,社会主义,共产主义

4. 下列不属于马克思主义劳动观基本内涵的是(   )。

    A. 人是劳动的产物

    B. 劳动是人类全部社会关系形成和发展的基础

    C. 劳动推动社会全面发展

    D. 劳动是人类的负担和痛苦

5. 劳动社会化的本质是(   )

    A. 劳动分工的细化   B. 生产力的发展和社会化

    C. 劳动者数量的增加   D. 劳动时间的延长

二、判断题

1. 物质劳动和非物质劳动都是社会生产发展的需要。   （   ）

2. 智能制造就是完全用机器人代替人工劳动。   （   ）

3. 服务性劳动虽然不能直接创造物质财富,却为社会提供了必要的服务。

                                    （   ）

4. 新型服务劳动对劳动者自身的知识技能要求越来越高。   （   ）

5.劳动社会化的过程就是社会分工不断深化的过程。　　　　（　　）

三、简答题

1.简述马克思主义劳动观的基本内涵。

2.新时代劳动形态相较于传统劳动形态发生了哪些主要变化？

3.马克思主义劳动观在新时代有哪些重要价值？

4.什么是劳动社会化？其主要内容包括哪些方面？

5.新时代劳动者应该如何实现社会化？

主题实践

劳动价值观成就时代新人

少年智则国智，少年强则国强。作为时代新人，当代大学生要承担起自身历史责任，就必须深刻认识劳动教育的重要性，树立"劳动最光荣、劳动最崇高、劳动最伟大、劳动最美丽"的价值观念，培养勤俭、奋斗、创新、奉献的劳动精神。

主题实践一　大学生劳动价值观调查

1.活动主题

劳动创造了世界，创造了人类，创造了财富。劳动光荣，劳动平等，尊重劳动就是尊重人本身。当今强调尊重劳动应克服片面性，既尊重创造性的、复杂的智力劳动，又尊重在平凡岗位上兢兢业业、默默奉献的劳动，使各种劳动有机统一于社会主义现代化建设事业中。

作为新时代中国特色社会主义事业的建设者和接班人，当代大学生应该尊重劳动、崇尚劳动，正确对待体力劳动和脑力劳动，树立正确的劳动价值观。大学生的劳动价值观不仅影响着大学生的成长、成才，也影响着我国培养社会主义劳动者和建设者这一教育目标的实现。

本活动的主题是调查了解当今大学生的劳动价值观，从而使大学生正确认识自身的不足，更好地传承中华民族的劳动精神，做弘扬劳动的新时代大学生。

2.活动目标

知识目标：通过调研活动，了解当代大学生劳动价值观的现状，取长补短，改正自身的问题，弘扬自身的优点，培养正确的劳动价值观。

能力目标：在实践活动中，初步了解并掌握问卷调查和收集分析资料的方法,培养信息收集、整合和分类,并对整理后的信息进行系统重组的能力。

态度目标:采用小组合作的形式,协同探究,共享劳动成果,培养协作精神。在调研大学生劳动价值观的过程中,学会尊重劳动、尊重劳动者,树立主人翁意识和责任意识。

3. 实施步骤

(1)将学生分组,每组按照个人特点确定网络资料收集、撰写问卷、发放问卷、访问、记录等分工。

(2)完成实践活动。结合小组实际,采用网上调查、问卷、访问等方式,以本校大学生为样本库,调研当代大学生的劳动价值观。

(3)整理数据、资料,得出调研结果并最终撰写调研报告。

4. 活动评价

在完成本主题实践活动之后,以小组会议的形式进行总结与思考。可以以小组为单位撰写学习总结,提交PPT演示文稿,并推选代表在总评会上讲解,小组之间相互进行点评,最后由教师进行总结评价。

(1)技能考核评价。

技能考核评价表

班级		姓名	
学号		小组成员	
实践项目			
实践流程			
结果分析			
自我评价		优秀□　合格□　不合格□	
教师评价		优秀□　合格□　不合格□ 教师签名:　　　年　月　日	

(2)学习过程评价。

学习过程评价表

序号	考核内容	配分(分)	评分标准	自评(分)	互评(分)	师评(分)
1	小组准备	10	小组分工明确,能够对学习任务内容及实施步骤进行精心准备			

续上表

序号	考核内容	配分(分)	评分标准	自评(分)	互评(分)	师评(分)
2	知识运用	30	能够熟练、准确地运用所学知识完成主题实践			
3	成果展示与任务报告	20	成果展示内容充实、语言规范,主题实践活动报告结构完整、观点正确			
4	学习态度与课堂纪律	15	学习积极主动、态度认真,遵守教学秩序			
5	自主学习与动手能力	10	具有自学意识与较强的动手能力			
6	团队配合	15	具有团队意识,分工明确,问题得到解决,团队纪律良好			
总分统计		100				

注:综合得分 = 自评×30% + 互评×30% + 师评×40%。

主题实践二　城市志愿服务劳动

1. 活动主题

参与城市公共服务志愿劳动,如环境整治、交通引导、社区服务等,在服务他人、奉献社会中体验劳动的意义和价值。

2. 活动目标

(1)知识目标:了解城市管理运行机制和公共服务内容。

(2)能力目标:提升服务意识和沟通协调能力。

(3)态度目标:培养奉献精神和社会责任感。

3. 实施步骤

(1)对接志愿服务组织,明确服务内容。

(2)开展志愿服务活动。

(3)记录服务过程和感悟。

(4)分享服务经验,传播志愿精神。

4. 活动评价

在完成本主题实践活动之后,以小组会议的形式进行总结与思考。可以以小组为单位撰写学习总结,提交PPT演示文稿,并推选代表在总评会上讲解,小组之间相互进行点评,最后由教师进行总结评价。

21

（1）技能考核评价。

技能考核评价表

班级		姓名	
学号		小组成员	
实践项目			
实践流程			
结果分析			
自我评价		优秀□　合格□　不合格□	
教师评价		优秀□　合格□　不合格□ 教师签名：　　　年　　月　　日	

（2）学习过程评价。

学习过程评价表

序号	考核内容	配分（分）	评分标准	自评（分）	互评（分）	师评（分）
1	小组准备	10	小组分工明确，能够对学习任务内容及实施步骤进行精心准备			
2	知识运用	30	能够熟练、准确地运用所学知识完成主题实践			
3	成果展示与任务报告	20	成果展示内容充实、语言规范，主题实践活动报告结构完整、观点正确			
4	学习态度与课堂纪律	15	学习积极主动、态度认真，遵守教学秩序			
5	自主学习与动手能力	10	具有自学意识与较强的动手能力			
6	团队配合	15	具有团队意识，分工明确，问题得到解决，团队纪律良好			
总分统计		100				

注：综合得分 = 自评×30% + 互评×30% + 师评×40%。

模块二

劳动精神

模块导学

在中华民族的奋斗征程中,劳动精神始终闪耀着独特的光芒,它贯穿于历史的长河,融入民族的血脉,成为推动国家发展和社会进步的重要力量。

2020年11月24日,习近平总书记在全国劳动模范和先进工作者表彰大会上精辟概括了劳模精神、劳动精神、工匠精神的科学内涵:"在长期实践中,我们培育形成了爱岗敬业、争创一流、艰苦奋斗、勇于创新、淡泊名利、甘于奉献的劳模精神,崇尚劳动、热爱劳动、辛勤劳动、诚实劳动的劳动精神,执着专注、精益求精、一丝不苟、追求卓越的工匠精神。"①劳模精神生动诠释了中国人民具有的伟大创造精神、伟大奋斗精神、伟大团结精神、伟大梦想精神。

本模块将引导大学生深入理解劳模精神、劳动精神、工匠精神的科学内涵和时代价值,学习劳动模范和大国工匠的先进事迹,培育积极的劳动精神,在新时代的伟大实践中发挥生力军作用,为实现中华民族伟大复兴的中国梦贡献青春力量。

思维导图

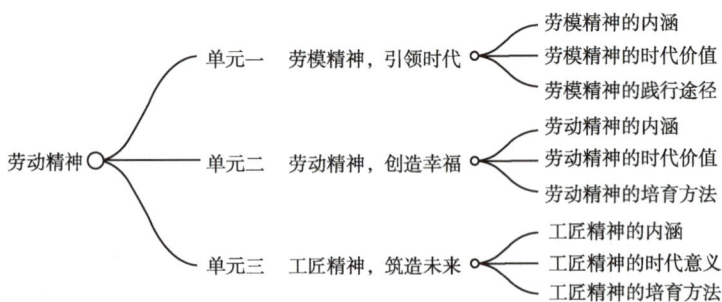

学习目标

知识目标

1. 理解和掌握劳模精神、劳动精神、工匠精神的实质和科学内涵。

2. 理解劳模精神、劳动精神、工匠精神的时代价值和现实意义。

3. 了解新时代劳动模范和大国工匠的先进事迹和精神品质。

能力目标

1. 通过对劳模精神、劳动精神、工匠精神的探究与学习,掌握培养和践行劳模精神、劳动精神、工匠精神的途径与方法。

———————————

① 习近平:《在全国劳动模范和先进工作者表彰大会上的讲话》,《人民日报》2020年11月25日。

2. 在日常生活和学习中自觉主动投身劳动实践,不断提升自身专业能力和劳动素养。

3. 能够运用劳动精神的相关理论分析现实问题,指导自身的学习和实践。

素质目标

1. 形成爱岗敬业的劳动态度和精益求精、追求卓越的工匠精神,增强自身的职业认同感和劳动自豪感。

2. 培育积极的劳动精神,尊重劳动,尊重普通劳动者,牢固树立"劳动最光荣、劳动最崇高、劳动最伟大、劳动最美丽"的思想观念。

3. 增强社会责任感和使命担当,立志成为德智体美劳全面发展的社会主义建设者和接班人。

案例导读

港珠澳大桥建设者胡从柱:像钢铁一样坚毅的匠人

2018 年 10 月 24 日上午 9 时,港珠澳大桥正式通车。这个全程 55 千米、被英国《卫报》誉为"新世界七大奇迹"之一的港珠澳大桥大大缩短了我国香港、珠海、澳门的交通时间,是迄今世界上最长的跨海大桥。

白天的大桥灵动、有韵律,夜晚的大桥又宛如镶嵌在大海上的魅力明珠。当看到这一切,作为港珠澳大桥珠海口岸项目的生产经理胡从柱内心感慨万分,他见证了港珠澳大桥从无到有的过程。顺利完成了这个难度系数极高的项目,看到如今的景象,胡从柱觉得当初再多的辛苦也是值得的。

2015 年 5 月 24 日,刚完成昆明会展项目的胡从柱接到公司通知前往港珠澳大桥珠海口岸项目,尽管深知这个项目难度很大,他还是担起了这份责任。

港珠澳大桥珠海口岸项目的工地位于人工岛,用砂石回填的人工岛地基比较软,起重机很难直接行走,运输成了难题。胡从柱便铺设钢板,提前规划行车路线以保证设备正常运输。工地四周毫无遮挡,每天海风有四五级,作业环境十分恶劣,吊装作业的时间、空间都受到了限制,但这也并没有难住胡从柱。"港珠澳大桥珠海口岸项目是一个大跨度工程的钢结构穹顶,如果选择传统的高空原位安装,那么大量的焊接和校正都得在高空进行,难度就会加大,安全风险也会高。"胡从柱说。随着国内钢结构建筑的发展,造型各异的建筑设计涌现出来,但对施工要求也越来越高,创新也变得更加重要。于是他想出了小型设备原位拼装整体提升的技术,之后再用大型设备进行吊装,提高了工程效率,顺利完成了港珠澳大桥珠海口岸旅检大楼 A 区近 7 万平方米的屋面网架安装。也正是因为有像胡从柱这样认真负责的参建者,才有了这个惊艳世界的作品。

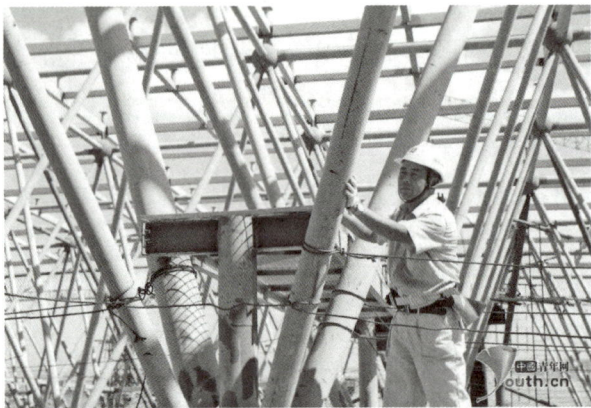

(图片内容为胡从柱在施工现场检查。图片来源:《港珠澳大桥建设者胡从柱:像钢铁一样坚毅的匠人》,中国青年网)

在中建钢构股份有限公司里有这样一句话:"有困难,找从柱。"胡从柱不畏艰难,面对新问题总能找到新的解决方法。这句话既是对他工作的肯定,也是一种激励,"我以后的工作还得更加脚踏实地才行"。

中建钢构股份有限公司"优秀员工""广东省五一劳动奖章""南粤工匠""全国五一劳动奖章"、全国"最美职工"……这些称号表明了胡从柱在钢结构建设中的不平凡成绩。"人们总提到匠心精神,在我看来,匠心精神是对职业的一种尊敬。有耐心、勤勤恳恳做事、追求专业的精神,便是对匠心精神最好的诠释。"

"干我们这一行,一点差错都不能有,否则就会发生意外。"胡从柱在工作中精益求精,从来不懈怠。每做一个项目,胡从柱都会带出许多徒弟,他技术高、没有架子,从来不吝惜自己的技能传授给别人。30多年来,他的许多徒弟也都成为一线工程中的中流砥柱。

"遇到一些不好施工的特殊位置,师父会过来指导。没做好的地方,师父也会耐心讲解。"胡从柱的徒弟林新炽说,"很多人对师父的第一感觉都是憨态可掬、敦厚朴实,很难看出劳模身影,但仔细了解之后,就能感受到他的坚毅果敢、求真务实。"胡从柱虽然不善言辞,但却是一个尽职尽责的好师父。"作为年轻人,就要多学多做,干一行爱一行,细心、有责任心也是从事我们这行必须具备的品质。"胡从柱希望以后还能多培养几个徒弟,将自己的经验传承下去。

32年来,从一名吊装工,到吊装大班长,再到生产经理,胡从柱的能力得到了同行的高度认可,为人处世也受人尊重。尽管工作至今已经获得了很多荣誉,但他始终认为自己就是一个普通人。胡从柱说:"建筑工人的生活虽然很枯燥、很辛苦,但是看到自己的建设给祖国带来了变化,我感到很自豪、很骄傲。"未来,他希望能够再参与几项钢结构工程,继续投身到祖国的建设中去。

(改编自《港珠澳大桥建设者胡从柱:像钢铁一样坚毅的匠人》,中国青年网,2018-10-30)

💡 **引导问题**

1. 胡从柱的工作经历体现了哪些劳动精神?

2. 从工匠精神的角度分析,胡从柱具备哪些优秀品质?

3. "有困难,找从柱"的口碑对当代大学生有何启示?

4. 如何理解胡从柱所说的"匠心精神是对职业的一种尊敬"?

单元一 劳模精神,引领时代

让劳动创造成为时代强音,离不开榜样的力量。我们要大力宣传劳动模范的先进事迹,引导广大人民群众树立辛勤劳动、诚实劳动、创造性劳动的理念。

一、劳模精神的内涵

劳模精神是劳模之所以成为劳模,而在平凡岗位上做出不平凡业绩所坚持坚守坚定的基本信念、价值追求、人生境界及其展现出的整体精神风貌。劳动模范身上体现的"爱岗敬业、争创一流,艰苦奋斗、勇于创新,淡泊名利、甘于奉献"的劳模精神,是伟大时代精神的生动体现。习近平总书记关于劳模精神的表述,为我们科学理解和大力弘扬劳模精神提供了正确的方向和指导。这需要我们一方面正确理解这一表述中六个词汇的各自含义,又要从整体上把握劳模精神的科学内涵。

总体上看,这一表述一方面道出了劳模能够在广大劳动者群体中脱颖而出的根本原因,另一方面也为广大劳动者群体提出了奋斗的目标和方向。六个词汇中,爱岗敬业是本分,争创一流是追求,艰苦奋斗是作风,勇于创新是使命,淡泊名利是境界,甘于奉献是修为。做一个守本分、有追求、讲作风、担使命、有境界、有修为的人,是每一位劳模的精神风范,更是每一位劳动者应该追求的目标。

(一)爱岗敬业、争创一流

爱岗敬业重在"爱"和"敬","爱"是对岗位和职业的热爱之情,"敬"是对岗位和职业的尊重之心，"热爱"与"尊敬"相互促进，是成就事业重要的推动力，是奋斗路上战胜困难的强大原动力，更是执着于事业追求的必要支撑力。

争创一流重在"争"和"一流"，强调的是肯学、肯干、肯钻研，练就一身真本领，掌握一手好技术，力争作出一流贡献。广大劳动者只有做到爱岗敬业、争创一流，才能成长成才，才能在劳动中成就不一样的事业，锻造不一样的情怀，实现不一样的人生。

中华人民共和国成立初期，百废待兴。广大工人阶级和劳动者以坚如磐石的信念、只争朝夕的劲头、坚韧不拔的毅力，不畏艰难困苦，创造了一个又一个人间奇迹。太行山区农民李顺达带领老西沟的乡亲们在自然条件恶劣、物质条件落后的情况下，肩扛手挑，用锹耙犁锄，夜以继日地战天斗地，变不可能为可能，用难以想象的付出将老西沟这个"谁见也发愁"的穷山沟、苦山沟，变成了农林果牧共同发展的富裕沟、幸福沟。多次受到毛泽东同志接见的鞍钢工人孟泰为恢复生产，带领广大工人建成了著名的"孟泰仓库"，成为新中国企业修旧利废的起点。他还坚持技术攻关，先后解决技术难题十几项，并成功自制大型轧辊，谱写了一曲爱岗敬业、争创一流的赞歌。

改革开放特别是党的十八大以来，广大劳动者用一代又一代的接力拼搏，创造了一个又一个劳动奇迹，用一个又一个动人的故事汇集成全民族的奋斗诗篇。高铁建设者巨晓林凭借着对岗位的尊重和热爱，凭借着坚定的信念和意志，用一天天的坚持、一步步的跨越，实现了从连图纸都看不懂的农民工到中国顶尖高铁施工建设专家的转变。练就"一钩准""一钩净""二次停钩""无声响操作"等集装箱装卸技术的许振超，造就了名扬海内外的"振超效率""振超速度"。

在这些劳模身上，我们看到了真正的"爱岗敬业"与孜孜不倦的职业追求，看到了真正的"争创一流"与持之以恒勇攀高峰的精神力量。正是一代又一代劳动者、一位又一位劳动模范，用他们对事业的尊重与热爱、坚守与奉献、拼搏与进取，干一行、爱一行、钻一行，在中华人民共和国70多年的历史中，在祖国960多万平方千米的土地上，种下了一粒粒平凡却坚韧的种子，收获了绚丽的人生篇章，也助力了国家的复兴与时代的进步。

（二）艰苦奋斗、勇于创新

艰苦奋斗是中华民族的优良传统，也是劳模精神的重要内涵，即在劳动实践中，拥有不畏艰难、锐意进取的钢铁意志，展现坚韧不拔、顽强拼搏的精神风貌，保持艰苦朴素、勤劳节俭的生产生活作风。勇于创新是劳模精神的核心要义之一，就是在看待问题上不墨守成规，敢于打破固有思维束缚，积极探索劳动过程中的新规律和新方法,灵活地运用知识和经验,推动劳动技术和工艺的创新创造。

2013年4月,习近平总书记在同全国劳动模范代表座谈时指出:"幸福不会从天而降,梦想不会自动成真。实现我们的奋斗目标,开创我们的美好未来,必须紧紧依靠人民、始终为了人民,必须依靠辛勤劳动、诚实劳动、创造性劳动。"[1]一批批拥有"看家本领"的高素质劳动者或专业领域的高级知识分子走上劳模的领奖台,他们不仅具备艰苦奋斗、吃苦耐劳的优良传统,更善于开拓、勇于创新,用知识技术和创造性劳动推动生产发展和技术进步,也创造了日益美好的生活。

(三)淡泊名利、甘于奉献

无论是在革命战争年代还是和平建设时期,"淡泊名利、甘于奉献"始终是一代代劳模的本色和追求。他们不辞辛苦、甘愿付出,不求索取、不为名利,彰显了报效祖国、服务人民的崇高追求和高尚品质。

一灯如豆,万点星光。一个国家、一个民族的生存和发展,需要千千万万个脚踏实地的行动者和默默耕耘的奉献者。从"两弹元勋",到以黄大年为代表的当代科研工作者,一代又一代知识分子砥砺前行,赓续着中华民族生生不息的精神力量。学习弘扬黄大年精神,让爱国、敬业、奉献等价值取向成为社会风尚,必将使社会主义核心价值观更加深入人心,凝聚起团结奋斗的磅礴力量。

■ 拓展阅读

新中国第一代劳模黄宝妹:一辈子为民纺纱

从13岁在日资纱厂当童工,到先后7次被评为上海市、纺织工业部和全国劳动模范,再到如今在网络平台当主播、为年轻人讲党课,耄耋之年荣获"七一勋章"的黄宝妹,是中国共产党领导下的新中国发展的"见证者、参与者、奉献者"。

自1953年起,新中国正式拉开社会主义建设的序幕。这一年,22岁的黄宝妹一人照看800个纱锭,创下全厂纪录(一般工人大约是600个)。她成为新中国第一代劳模,8次受到毛泽东、周恩来等老一辈党和国家领导人的亲切接见。

回到上海以后,黄宝妹虚心向行业技术标兵学习,带领工人姐妹一起进步,她管理的三纺细纱车间被评为上海市劳模集体,她所在的国棉十七厂向新中国贡献了大量优质棉布。

---

[1]习近平:《在同全国劳动模范代表座谈时的讲话》,《人民日报》2013年4月28日。

26 岁那年,组织任命黄宝妹当干部,几天下来,她便感觉"浑身不舒服",郑重提出要求回车间。她说:"我是一名普通的女工,纺织业才是我大有作为的行当。"

就这样,黄宝妹一直在车间工作了42年,直到1987年1月光荣退休。她曾先后7次被评为劳动模范,3次出席国际会议。

(图片为黄宝妹在介绍自己的成长经历。图片来源:《黄宝妹:一生逐梦,用奉献诠释人生的无限可能》,中国周刊网)

黄宝妹直言自己年纪大了,精力不如以前。"但只要身体条件允许,我就要一直为社会作贡献。党员、劳模是一辈子的事情,我想给年轻人去传递我们的劳模精神,脚踏实地做好自己的工作非常重要。"黄宝妹说。

(改编自《劳模风采·1956年、1959年全国劳模　黄宝妹:一辈子为民纺纱》,中工网,2021-07-26)

二、劳模精神的时代价值

全社会要崇尚劳动、见贤思齐,加大对劳动模范和先进工作者的宣传力度,讲好劳模故事、讲好劳动故事、讲好工匠故事,弘扬劳动最光荣、劳动最崇高、劳动最伟大、劳动最美丽的社会风尚。

(一)劳模精神凝聚建功新时代的磅礴伟力

2018年"五一"国际劳动节之际,习近平总书记在给中国劳动关系学院劳模本科班学员回信中提出,希望"用你们的干劲、闯劲、钻劲鼓舞更多的人,激励广大劳动群众争做新时代的奋斗者"。[1] 劳动模范是"干出新时代"的排头兵,是践行"实干兴邦"的楷模。持之以恒地弘扬劳模精神,充分调动起广大劳动人民的积极性、主动性和创造性,就能最大限度地聚合起人们饱满的奋斗热情,从而为建功新时代、实现中国梦凝聚起磅礴的中国力量。

---

[1]习近平:《习近平给中国劳动关系学院劳模本科班学员的回信》,《人民日报》2018年5月1日。

(二)劳模精神引领新时代产业工人队伍建设

推进产业工人队伍建设,是以习近平同志为核心的党中央着眼于巩固党的执政基础、实施制造强国战略、全面提高产业工人素质作出的重大决策部署。新时代,应充分发挥劳动模范和工匠人才的示范带动和价值引领作用,培养造就更多劳动模范、大国工匠,努力打造一支有理想守信念、懂技术会创新、敢担当讲奉献的宏大产业工人队伍,建设知识型、技能型、创新型劳动者大军。

(三)劳模精神昭示新时代劳动教育的价值取向

习近平总书记在 2018 年全国教育大会上强调,"要在学生中弘扬劳动精神,教育引导学生崇尚劳动、尊重劳动,懂得劳动最光荣、劳动最崇高、劳动最伟大、劳动最美丽的道理,长大后能够辛勤劳动、诚实劳动、创造性劳动"。① 这既是对广大学生涵养深厚劳动情怀的谆谆嘱托,更是对未来劳动者用奋斗成就梦想的殷切期待,昭示着新时代劳动教育的价值取向。劳动模范是每个时代劳动精神的典型化身,是引导广大学生培育践行社会主义核心价值观的宝贵财富和有效载体。

■ **拓展阅读**

全国劳模梁兵:为坦克打磨"火眼金睛"

早上 6 点,河南焦作,晨光熹微中,梁兵起床,做好饭,送女儿上学,然后快步走向公司。体格精瘦的他走路带风。

梁兵今年 45 岁,是河南平原光电有限公司高级技师。

8 点不到,梁兵换上工作服,扎进生产现场。他一边走一边检查,检查夜班工作有无遗留问题,"我们被称作'为坦克制造眼睛'的人,因为我们加工的产品直接影响到坦克的射击精度,加工的零件精度都是微米级,0.008 毫米也很常见。"

20 分钟的巡检过后,梁兵走回工作室,打开电脑中的编程软件忙碌起来。上午十点半,一场小规模的校企座谈在梁兵技能大师(劳模)创新工作室召开。"希望在学生培养上能给我们更多支持。"河南工业职业技术学院工会主席屈保中带队从南阳赶来,语气诚恳地说。"没问题,以后你们的人才多往这儿送吧。"梁兵笑着说,"技能人才的春天已经到来。"

座谈会后,梁兵带记者参观他的工作室,指着一张自己领奖的照片说:"那是我第一次进入人民大会堂,拍照时特意把眼镜摘了,显得精神些。"

---

① 习近平:《坚持中国特色社会主义教育发展道路　培养德智体美劳全面发展的社会主义建设者和接班人》,《人民日报》2018 年 9 月 11 日。

2004年,29岁的梁兵获得全国首届数控技能大赛职工组第一名。几天前,他成为隶属于中国兵器工业集团的河南平原光电有限公司成立56年来第一位全国劳模。

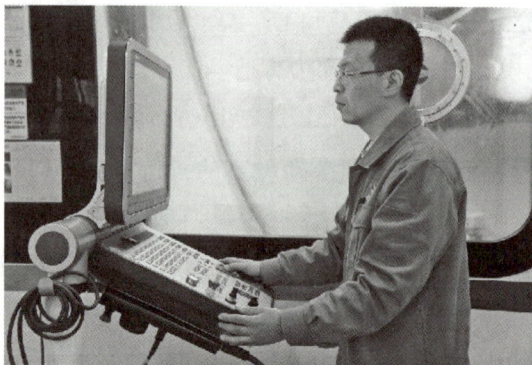

(图片为梁兵在河南平原光电有限公司五轴加工中心操作加工零部件。图片来源:《工匠汇·第一届中原大工匠　梁兵:为坦克打磨"火眼金睛"》,中工网)

作为工作室的带头人,梁兵负责解决生产一线的"疑难杂症",总结推广绝招绝技,培养优秀人才;作为全国人大代表,他常去一线倾听职工心声,为产业工人队伍建设建言献策;作为河南工业职业技术学院的客座讲师,他鼓励学生学习工匠精神,为中国制造崛起而努力。

(改编自《工匠汇·第一届中原大工匠　梁兵:为坦克打磨"火眼金睛"》,中工网,2022-11-10)

三、劳模精神的践行途径

榜样的力量是无穷的,劳模身上充满创造、创新、创业激情,他们以炽热的爱国情怀、精湛的专业技能在各自的岗位上建功立业,激励无数青年学子通过劳动创造更加美好的生活。

(一)在学习中践行劳模精神

大学生应在勤学、修德、明辨、笃实上下足功夫,牢固树立"劳动最光荣、劳动最崇高、劳动最伟大、劳动最美丽"的观念,坚定中国特色社会主义共同理想。在学习中践行劳模精神,就是要刻苦钻研、不畏艰苦,孜孜不倦地学习科学文化知识,勇于探索和创造,不断提高政治理论和科学文化水平,不断完善自己的人格。

学习是通往成功的阶梯。只有通过努力学习,才能练就过硬本领。大学生要多读书、勤实践,努力完善知识结构,提升劳动技能,掌握真才实学,练就过硬本领。一年内连续三次创造了全国黑色冶金矿山掘进新纪录的劳模马万水常说:"加快矿山建设,光靠拼体力是不行的,必须把苦干、实干与巧干结合起来。"唯有学以致用,方能经世济民;唯有学行修明,才可受命于危难之间。

大学生应时刻牢记:不一定每个人都能成为劳模,但人人都能学习和践行劳模精神。弘扬劳模精神,尊重劳动创造,不是一句口号,而应体现在每一天的学习生活中,落实到每一项行动中。

(二)在实践中践行劳模精神

劳模精神体现在实践中,就是要在平凡的岗位上践行劳动理念,在本职工作中培育劳动素养,自力更生、奋发图强、不怕困难、不畏艰险,全力完成各项任务。

劳模的闪光点就在于他们把工作当事业,把付出当追求,在平凡的岗位上发光发热。在实践中践行劳模精神,首先就要尊敬、尊重劳模,带着一种深厚的感情去学,带着真诚的心去学习,学习劳模如何在平凡的岗位上做出不平凡的业绩。要让任何"不可能"变成"可能",就必须有不达目的不罢休的韧劲。每一个成功都不是轻轻松松的,成功也不是敲锣打鼓就能实现的。所以,我们必须付出更为艰辛、更为艰苦的努力。只要行动起来、坚持下去,就没有比人更高的山,没有比脚更长的路。

要在实践中践行劳模精神,大学生还要学习劳动模范的工作态度、工作作风、工作方式,推动劳模精神的贯彻落实、创新发展。

单元二 劳动精神,创造幸福

劳动精神是每一位劳动者为创造美好生活而在劳动过程中秉持的劳动态度、劳动理念及其展现出的劳动精神风貌。

新时代弘扬劳动精神,对于实现中华民族伟大复兴,全面建设社会主义现代化国家、培育担当民族复兴重任的时代新人,具有重大现实意义和深远历史意义。因此,要重视劳动精神的塑造和培养,并使之贯穿家庭教育、学校教育、社会教育的全过程。

一、劳动精神的内涵

习近平总书记在 2020 年 11 月 24 日召开的全国劳动模范和先进工作者表彰大会上,明确地将劳动精神的内涵概括为四个方面,即崇尚劳动、热爱劳动、辛勤劳动、诚实劳动,为我们正确理解劳动精神提供了根本的遵循。[1]

(一)崇尚劳动

劳动是光荣和神圣的,崇尚劳动是劳动者应具备的态度。首先,劳动是宪

---

[1]习近平:《在全国劳动模范和先进工作者表彰大会上的讲话》,《人民日报》2020 年 11 月 25 日。

法所赋予的、不可剥夺的权利和义务。《中华人民共和国宪法》明确规定："中华人民共和国公民有劳动的权利和义务。"公民通过劳动，为社会发展进步提供产品和服务，同时提升、发展自我。其次，劳动的成果是神圣的，劳动者通过劳动创造出人类社会发展所需的各种产品。人们通过劳动，获得满足感、成就感和尊严感，体会成功和梦想的能量。劳动成为人类最美好、最崇高的行为。人们常说"劳动创造美"，那是因为劳动本身就是美的，没有劳动，衣、食、住、行都将成为泡影，只有尊重劳动并崇尚劳动，才能通过劳动创造实实在在的价值。

（二）热爱劳动

热爱劳动，不仅是对劳动成果的美好向往，是甘愿为社会的进步发展奉献一切、兢兢业业劳动的崇高精神，更体现在遇到阻力、挫折时的坚持。中华民族是艰苦奋斗、热爱劳动的民族，中华民族的灿烂文化是广大劳动者通过辛勤劳动创造的，中华民族伟大复兴更应该是中华儿女用足够的劳动热情来实现的。当代青年理应热爱劳动，勇敢面对劳动过程中的艰难险阻，为民族振兴、国家富强和人民幸福而奋斗。

（三）辛勤劳动

《左传》中写道："民生在勤，勤则不匮。"意思就是，百姓生活的根基在于辛勤劳作，只要辛勤劳作就不会缺少物资。《敬姜论劳逸》也记录有"民劳则思，思则善心生"，由此可见，勤劳是中华民族的优良传统。现如今，我们也依靠勤劳谱写了快速发展的新篇章。"一勤天下无难事"，弘扬劳动精神，不仅要从认知层面肯定辛勤劳动，更要在实际生活工作中践行辛勤劳动，踏实肯干，发挥聪明才智，克服一夜暴富和不劳而获等错误思想。

（四）诚实劳动

习近平总书记在2013年4月28日在同全国劳动模范代表座谈时说："人世间的美好梦想，只有通过诚实劳动才能实现；发展中的各种难题，只有通过诚实劳动才能破解；生命里的一切辉煌，只有通过诚实劳动才能铸就。"[①]诚实劳动不仅关乎劳动价值和道德底线，更涉及人民的生命和生活。不讲诚信的劳动，不仅与优秀的传统文化相违背、与社会主义核心价值观相背离，更是危害社会的行为甚至是违法犯罪的行为。

■ **拓展阅读**

全国道德模范王顺友："马班邮路"上的信使

2021年5月30日，一位邮递员永远离开了我们。初夏的凌晨，王顺友

[①] 习近平：《在同全国劳动模范代表座谈时的讲话》，《人民日报》2013年4月28日。

在凉山彝族自治州木里藏族自治县的家中永远地闭上了眼睛。

清晨的木里藏族自治县下起小雨,空气中弥漫着草木和泥土的味道,就像那条王顺友牵着马走了30多年的"马班邮路"的味道。

"马班邮路长又长,山又高来路陡峭。情注邮路不畏险,爱洒人民永不悔……"王顺友的歌声曾拂过"马班邮路"上的每一道岭、每一棵树、每一块石头。

只是,这歌声今后再也不会响起了。

由于特殊的地理环境,过去的木里藏族自治县很多乡镇不通公路、不通电话,只有通过"马班邮路",党报党刊、政策文件才能尽快地送到偏远的乡村,党的声音才能传到木里藏族自治县的每个角落,远方亲人的问候才能温暖家乡父老的心田。

1985年,走了一辈子"马班邮路"的父亲,把手中的马缰绳交给王顺友。那年,王顺友不到20岁。此后,他继续走着父亲走过的路,一走就是30多年。王顺友每走一个班要14天,一个月要走两班。一年365天,他有330天走在邮路上。他这样描述自己的生活:冬天一身雪,夏天一身泥;饿了吞几口糌粑面,渴了喝几口山泉水或啃几口冰块;晚上蜷缩在山洞里、大树下或草丛中与马相伴而眠,如果下雨,就得裹着雨衣在泥水中躺一夜。最苦的是心头的孤独,特别是到了晚上,大山里静得可怕,伸手不见五指,他能感觉到的只有风声、水声和狼嗥声。

每当王顺友想打退堂鼓时,就会想起自己把邮件送到老乡手里时他们高兴的样子,想起把录取通知书送到学生家里时家长欣慰的模样,想起自己在路上生病了乡亲们陪着他走几天几夜的样子。"乡亲们需要我",这个念头,让王顺友继续坚持下来。

(图片为王顺友牵着他的马匹行走在山路上。图片来源:《"深山信使"王顺友因病去世:一人一马一辈子,山里山外三十年》,央视新闻网)

30多年来,王顺友每年投递各类邮件近万件,没有延误过一个班期,没有丢失过一份邮件,投递准确率达100%。30多年来,他在雪域高原跋涉了

26万千米,相当于21趟二万五千里长征。30多年来,他为了一个简单而又崇高的使命,在大山深谷之中耗尽青春年华。30多年来,他以忠诚如铁、责任如山的可贵精神和执着不悔、坚定顽强的实际行动,创造了中国乃至世界邮政史的纪录与传奇。

（改编自《再学王顺友　弘扬"马班邮路"精神,走好新时代的长征邮路》,中国邮政集团工会,2021-08-25）

二、劳动精神的时代价值

劳动精神是以爱国主义为核心的民族精神和以改革创新为核心的时代精神的生动体现,是鼓舞全党全国各族人民风雨无阻、勇敢前进的强大精神动力。新时代弘扬劳动精神,有着重要的现实意义和深远的历史价值。

（一）劳动精神关乎中华民族伟大复兴中国梦的实现

中华民族对劳动有着自己独特的体悟,更通过劳动创造了辉煌的中华文明。中国共产党团结和带领人民改天换地、创造历史,建立新中国,从此,中国人民的命运、中华民族的命运掌握在亿万劳动人民的手中,劳动人民开启了真正通过自己双手劳动改变自己命运、推进民族复兴的征程。时至今日,亿万劳动者的勤劳创造、开拓创新,使实现中华民族伟大复兴进入了不可逆转的历史进程。崇尚劳动、劳动光荣,是实现中华民族伟大复兴中国梦的基本前提。新时代是实现中华民族伟大复兴的时代,必须大力弘扬劳动精神,以劳动托起中国梦,靠劳动成就复兴梦。

（二）劳动精神关乎社会主义现代化强国的建设

"社会主义是干出来的",实干是最质朴的社会主义现代化建设方法论。社会主义现代化事业从蓝图绘就到具体实施,是一项极其宏大的社会系统工程,需要几代人、十几代人乃至几十代人接力奋斗。社会主义现代化建设的新成就正是通过持续的劳动创造出来的历史性新面貌。实践表明,劳工神圣、劳动光荣、实干兴邦,是社会主义现代化事业的精神标识;聪明才智、辛勤汗水、刻苦耐劳,是中国式现代化道路的力量基石。新时代是建设社会主义现代化国家的新时代,发展经济、改善民生、创新科技等都迫切需要弘扬劳动精神,为中国式现代化新道路厚植精神底色,凝聚精神力量。

（三）劳动精神关乎社会主义合格建设者和可靠接班人的培养

劳动可以树德、可以增智、可以强体、可以育美。社会主义的大学培养的是社会主义建设者和接班人,大学生不仅要在德智体美上成为优秀的时代新人和未来实现中华民族伟大复兴中国梦的主力军,也必须从劳动中体验生活的本质,了解社会责任,明确奋斗方向。新时代大学生要在劳动中展现精神面貌,在劳动中修正价值取向,在劳动中提高技能水平,为实现美好生活给自己定目标、加任务、压担子。

■ 行业榜样

"80后"公厕管理员辛勤劳动获全国"五一劳动奖章"

李影17岁从徐州丰县到上海打工。2005年10月,她成为沪太路1170弄(龙潭小区)29号公共厕所管理员,在这片被常人认为又脏又臭的小天地里,她干出了一番"大事业"——让她管理的小区29号公共厕所成为名副其实的"全上海最好的厕所"。她从大家关注的环境入手,自创"跟踪式"保洁法,即每来一位客人,就进行一次打扫,把墙角、地面、蹲位、挡板全部擦干净。这种保洁方式劳动强度很大,除了勤快地随时保洁没有别的捷径。为了不耽误工作,李影的中饭、晚饭大多是在厕所门厅里吃的。不仅如此,她自掏腰包在公厕设置了很多便民设施,点起檀香,贴上"小心地滑"的提示,摆放洗手液,添置大鱼缸、书报架、饮水机、花瓶、医药箱,为残疾人铺上红色防滑垫,在厕所门口设置了休息长椅,使原本人们印象中脏臭、呆板的公厕变得生动温馨。她看到市民自行车、电动车停放不便,就自己动手把公厕门前的一片泥地改造成停车点;公厕50米外是龙潭小区居委会便民输液点,常有老人举着吊瓶来上厕所,她总会主动迎上去,将老人扶进厕所。她的"望一下、问一声、扶一把、送一程"的服务流程,赢得了老人们的交口称赞。多年来,李影秉持热心、细心、虚心、耐心、诚心的态度管理公厕,靠着勤劳与努力在上海扎下了根。在她的带动下,"智慧公厕"在上海静安区逐渐普及,她的服务方法也在全市推行。她先后被评为全国服务明星、全国首批优秀农民工,荣获"全国五一劳动奖章"。2009年6月,经上海市人民政府批准,李影获得了上海户籍。如今,李影担任上海静安城市发展(集团)有限公司作业三部厕所总监理,但她始终认为自己是一名普通的一线环卫工作者。

(图片来源:《热爱本职敬业奉献:她把公厕当自己的家来打理》,共产党员网)

李影是社会中亿万个默默付出的劳动者的一个缩影。他们虽然工作岗位不同,却都是社会不可或缺的一分子,为社会的发展进步作出了贡献。他们以勤劳善良、朴实坚毅的劳动品格,日复一日地努力着,尊重并珍惜自己的工作,不仅在平凡中让生活充满快乐,也为社会与他人带来温馨。

(改编自《29号公厕的守望者:让"80后"的青春在平凡岗位上闪耀》,中工网,2023-10-24)

三、劳动精神的培育方法

在新时代背景下,大学生群体正在日益强化其劳动意识,积极倡导勤勉进取的价值观,锻造坚毅的劳动伦理品质,提升高效的工作技能。

(一)培养科学的劳动观念

劳动观念是指个体或社会群体对于劳动的本质和价值以及他们在社会发展进程中对自身的角色和意义所形成的认识和理解。理念作为指导思想的重要因素,具有前瞻性和引导性,正确的理念能够准确导航人类的各项行动,尤其是在科学劳动理念的指引下,大学生能够被有效导向执行恰当的劳动实践,确保其劳动行为既高效又符合科学原则。培育劳动理念的重点在于培养个体对劳动的尊重和热爱,以及培养个体的主动参与精神,这构成了劳动意识构建的基础。

(二)树立正确的劳动态度

劳动态度作为劳动者对于劳动过程所展现的主观评价和行为偏好,是劳动者工作价值观和职业伦理的重要体现。对于大学生来说,树立正确的劳动态度很重要,他们应该认识到,无论从事何种职业,本质都是通过个人的努力和专业技能对社会的发展和进步发挥不可缺少的作用。职位没有尊卑之别,任何看似平凡的岗位都蕴藏着创造优秀成就的巨大潜力。大学生在未来步入职场的时候,不论处于什么职业岗位,都应该主动遵循职业道德规范,以此作为指引,在日常工作的每一个环节以及生活的各个方面都以高标准的职业操守严格要求自我。正确的劳动态度对于大学生来说很重要,它不仅能够显著影响大学生在未来职业生涯中的表现和成就,更是他们通往职业成功不可缺少的关键因素之一。

(三)培养优秀的劳动品质

劳动品质特指源自对劳动的深刻热爱并内化为个人高尚品质的一种道德特质。道德力量的巨大潜能决定着个体的全面道德品质,深远地影响其后续的成长轨迹和社会角色。大学生应该着重培养劳动伦理品质,通过实践劳动来涵养个人品德,全面提升综合素质,以此为基础塑造崇高的个人品格。

(四)养成良好的劳动习惯

劳动习惯指个体在长时间的劳动实践中逐渐内化形成的生理和心理适应性反应,是个体在工作环境中的行为模式和提升效率的关键因素之一。劳动习惯的形成展现出相对的持久性和稳定性特征。俗话说"习以为常",这一观念揭示了良好劳动习惯对于大学生日常生活的重要性,它使得劳动被视为一种自然而然的行为模式,而不是被动执行的任务,从而深刻影响大学生的生活态度和行为选择。为了获得优秀的学术成就和出色的职业生涯,拥有幸福美满的精彩生活,大学生应该培养起良好的劳动习惯,这不仅是个人成功的关键要素,也是个体实现全面和谐发展的基础。那些获得优秀成就的人通常具备良好的劳动习惯,这不仅是他们成功之路上不可缺少的关键因素,也是其个人效能和职业发展的重要基础。良好的劳动习惯教育在个体成长和成功的关键阶段扮演着不可缺少的角色,大学生在成长过程中应该高度重视自身良好劳动习惯的培养,确保这一积极品质始终伴随其生活和学习的全过程。

(五)塑造高尚的劳动情怀

劳动情怀指的是个体对于劳动活动所持有的独特情感倾向和价值认同。劳动情怀的形成根植于个体对劳动本质的深刻理解和认同,并通过漫长的社会实践过程得以塑造和完善。劳动活动的独特性在于其本质上为人类所特有,这一特性不仅定义了人类社会的发展进程,而且是人类和其他生物界成员之间的显著区别,深刻体现了人类的智能、社会性以及创新能力。人类有义务将劳动的传统薪火相传,培养出一种深植于心的崇尚劳动和热爱劳动的情感。大学生应该积极投身于各类勤工助学项目,如参与校园绿化活动和协助整理图书馆资源,以及担任助教、助管、助研、助理等,以此主动培育劳动精神,深化对劳动价值的独特认知和情感体验。这些实践活动不仅能够增强学生的实践能力,还能够促进他们形成正确的劳动观念,使其认识到劳动是实现个人成长和社会发展的基础。这种深刻的情怀一旦形成,将展现出持久的活力,不仅能够引领个体持续迈进,更能激发人们运用智慧和努力共同编织一个更加繁荣和谐的未来图景。

■ 大国工匠

劳动最光荣——全国"五一劳动奖章"获得者曾国苍

曾国苍,南通万达锅炉有限公司容器制造部手工焊组班长,2019年全国

"五一劳动奖章"获得者。

(图片来源:《最美建材人 南通万达曾国苍:一把焊枪"点亮"绚烂人生》,澎湃新闻)

曾国苍是南通万达焊工队伍的优秀代表,也是中材节能员工的缩影。他勤学苦练,不断进取,熟练掌握多种焊接方法的操作技能,曾获得南通市职工职业技能大赛第一名,第四届全国职工职业大赛第五名,以及第三届北京"嘉克杯"国际性焊接技能大赛"优秀选手"。他"焊"艺卓绝,在公司技术创新、重大项目难点攻克、关键工序应用研发方面作出了突出贡献,先后荣获"全国技术能手""中央企业青年岗位能手""南通市劳动模范"等荣誉称号。

曾国苍是一名普通焊工,立足岗位作贡献、扎实工作求发展,在自己的岗位上踏实工作,在平凡的工作中做出了不平凡的业绩。他是千千万万工人的代表,用勤劳的双手描绘了美好的图画,也为无数职业院校学生树立了榜样,使他们认识到劳动最光荣,劳动最崇高,劳动最伟大,劳动最美丽。

(改编自《"大国名匠"曾国苍:不忘初心方为匠》,搜狐网,2019-06-03)

单元三 工匠精神,筑造未来

在我国,工匠精神源远流长,几千年来形成了"尚巧工"的社会氛围。中华人民共和国成立以来,我党在带领广大人民进行社会主义现代化建设的进程中,始终坚持弘扬工匠精神。无论是"两弹一星"、载人航天工程取得的辉煌成就,还是高铁、飞机等的设计与制造,都离不开工匠精神,都展现出我们对工匠精神的继承与发扬。

一、工匠精神的内涵

习近平总书记在2020年全国劳动模范和先进工作者表彰大会上,阐明了"执着专注、精益求精、一丝不苟、追求卓越"的工匠精神内涵。[①] 当前,我国已进入新发展阶段,建设高素质劳动大军,建设科技强国,推动经济社会高质量发展,必须大力传承和弘扬工匠精神。

(一)执着专注

执着专注是工匠精神的基础,体现的是拥有高超技艺和精湛技能背后蕴藏的敬业美德,大致可概括为内心笃定、耐心执着、坚持不懈。中华民族的血液中自古就流淌着敬业美德。因为内心笃定,才会"衣带渐宽终不悔,为伊消得人憔悴";因为耐心执着,才会"如切如磋,如琢如磨";因为坚持不懈,才会"路漫漫其修远兮,吾将上下而求索"。执着成就梦想,专注决定未来。从执着于把青春扎根在田野中、领跑乡村现代化的"新农人",到专注创新、攻克行业技术难题的新时代产业工人……各行各业执着专注所涵养而成的敬业美德,成为推动中国巨轮行稳致远的内在精神动力。

(二)精益求精的品质精神

精益求精是工匠精神的核心,体现的是工匠对产品质量或服务永无止境的极致追求。对工匠而言,雕琢自己的作品不只是一份工作,还是生活的重要组成部分;工匠精神不是仅仅存在于某一个职业,而是存在于每一个人的心里。工匠不会马马虎虎、得过且过,而是从日复一日的劳动过程中体会快乐和成就感,将每一步做到精益求精。"天下大事,必作于细",工匠是笃实专一、心无旁骛、努力将工艺做到极致的人。精益求精是一种极强的责任意识,是对品质、信誉负责,对消费者权益负责的体现。

■ 大国工匠

李淑团:精益求精,把工作做到极致

三门峡中原量仪股份有限公司创立于 1965 年,作为中国首家精密量仪生产企业,开辟了中国精密量仪新领域,填补了国内多项空白。李淑团所在的磨工岗,一天要在操作台站立 8 小时以上,加工精度比"在大米上刻画"还要高,这既费体力又耗精力的工作,李淑团一干就是 30 多年。李淑团还创造了零件加工的超精奇迹。她所操作的机床设备可以达到千分之一毫米的精度,而李淑团使用它所能达到的精度在万分之三毫米至万分之五毫米之间。许多微米级精度的部件,都是手工做出来的,远销 30 多个国家和地区。她的岗位成了大家心中的放心岗位,她的班组也成了放心班组。

李淑团喜爱读书,喜欢思索。2012 年,她在公司拳头产品的拼合式气动

[①] 习近平:《在全国劳动模范和先进工作者表彰大会上的讲话》,《人民日报》2020 年 11 月 25 日。

量仪零件加工中,一举攻克了关键零件"锥度玻璃管"的加工技术难关。她经过不断摸索,反复试验,最终大胆创新出了以磨代研的技术,填补了国内"锥度玻璃管"的加工技术空白。30多年来,李淑团兢兢业业,每年都超额完成任务量,获得"全国三八红旗手"等荣誉称号。她的梦想就是把每一项岗位技能练好,把每一个产品做精。她先后带出了30多个好徒弟,使他们成为"中国智造"的中坚力量。

李淑团用自己获得的奖金成立了一个劳模基金,用来奖励公司的创新技术人才,让劳模精神、工匠精神发扬光大,传承下去,激励青年员工不断提高专业技能知识,为中国制造奋斗。

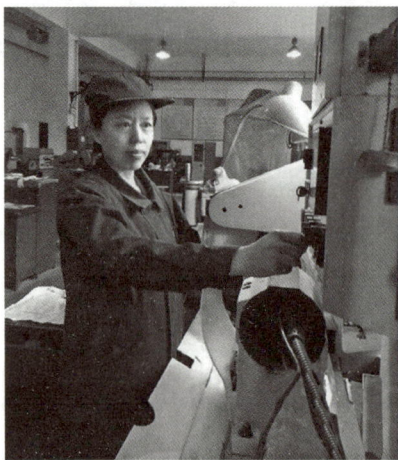

(图片来源:《"巾帼匠心"李淑团:精益求精"磨"技艺》,中工网)

精于工、匠于心、品于行,李淑团在工作中不断演绎着"能人所不能"的精湛技艺,小到一枚螺丝钉、一根电缆的打磨,大到飞机、高铁等大国重器的锻造,都展现出笃实专注、严谨执着的匠心匠魂。

(改编自《"巾帼匠心"李淑团:精益求精"磨"技艺》,中工网,2017-08-24)

💬 **价值引领**

李淑团三十多年如一日坚守岗位,将精度做到极致,体现了执着专注、精益求精的工匠品质。她勇于创新突破技术难关,填补国内加工技术空白,展现了追求卓越、勇攀高峰的进取精神。作为老党员,她主动承担传帮带责任,培养多名徒弟成为"中国智造"中坚力量,体现了无私奉献的精神和责任担当。她用奖金设立劳模基金奖励创新人才,彰显了共同富裕理念和集体主义精神。李淑团将个人价值实现与国家制造业发展紧密结合,诠释了新时代产业工人以实干报国、技能强国的家国情怀。

（三）一丝不苟

一丝不苟是工匠精神的特质，描述的是工匠认真细致、笃实严谨、从不马虎的工作态度，表明对工作充满热情和责任感，不会因工作烦琐和复杂而敷衍塞责，而是全力以赴做到最好。无论在什么岗位，从事何种工作，一丝不苟的态度才是最核心的竞争力。事实上，在工作中，经验并不是完全可靠的，当环境和细节悄然改变时，经验就会出现盲区。面对未知的挑战，心存敬畏、一丝不苟才能抵御风险，才能锻造勤业操守，做到勤奋但不盲目。只有不断追求工作的高质量高标准，勤于创造、勇于奋斗，才会在平凡的岗位上创造不平凡的业绩。

（四）追求卓越

追求卓越的创新精神是工匠精神的灵魂。一直以来，创新在科学研究、技术进步、社会发展、国家振兴等方面发挥着独特的作用。锤炼精湛技艺、锻造过硬本领，既离不开传承延续，更离不开推陈出新。作为一线工作者，工匠们不仅应该追求精益求精，更应该对生产力的提高有着强烈的渴望，而这源于创新。创新需要思考，工匠们要善于学习、不断探索、永不满足，以开放的姿态吸收前沿科技成果，提升产品质量，实现自我提升，持续升华工匠精神，赋予传统技艺新的生命力。

■ 拓展阅读

杨金龙代表：建议设立"全国工匠日"

2020年全国两会（十三届全国人大三次会议、全国政协十三届三次会议）上，全国人大代表、杭州技师学院特级教师杨金龙建议设立"全国工匠日"。他建议设立"全国工匠日"，倡导"工匠精神"，推动劳动者树立起对职业的敬畏、对工作的执着、对产品的责任，带动中国制造业走向中高端，从"制造大国"变为"制造强国"。

杨金龙表示，工匠培育是一项社会化、系统性、长期性的工程。但目前，仍存在各相关部门各自为政的情况，缺乏统一、系统的培育体系。为此，他建议建立工匠培育工作协调机制，加强工作合力，共同培育和选拔各行业拔尖、全社会认可的新时代大国工匠。

（改编自《全国人大代表、杭州技师学院教师杨金龙：每个职业都有光让更多技能人才看到未来》，浙江在线，2020-05-27）

二、工匠精神的时代意义

实现中华民族伟大复兴的中国梦，需要千千万万的能工巧匠。工匠精神作为一种优秀的职业道德文化，它的传承和发展契合了时代发展的需要，具有重要的时代价值与广泛的社会意义。

（一）增强国家综合竞争力的精神资源

工匠精神对产业、职业、专业的专注以及对精益求精、不断创新的要求，推动了行业的发展与技术升级，促进实体行业从"制造"到"智造"的转变，助力经济可持续发展。我国正处于转变发展方式的关键阶段，从从业者的素质、能力的提高到产业结构的高品质升级，再到国家从制造大国到制造强国的升级，工匠精神都是其中不可或缺的重要因素。

（二）坚定民族文化自信的精神纽带

文化自信，是一个国家、民族、政党对自身文化价值的充分肯定，对自身文化生命力的坚定信念。习近平总书记在庆祝中国共产党成立95周年大会上的讲话中强调："文化自信，是更基础、更广泛、更深厚的自信。"[1]工匠精神是中华优秀传统文化的重要组成部分，是中华民族的精神传统，《庄子》的"庖丁解牛"、秦国李冰父子修建都江堰、鲁班工艺等都是工匠精神的体现。弘扬工匠精神有利于传承中华优秀传统文化，培育和践行社会主义核心价值观，促进文化的交流和传播，推动对中华民族的文化认同，增强社会责任和担当意识，进一步坚定文化自信。

（三）培育高素质劳动者的助推器

人类社会发展的历史表明，劳动者尤其是高素质劳动者是生产力中具有决定意义的因素。培养工匠精神，有利于增强个体的职业认同感和使命感，以勤学苦练、精益求精、久久为功的专业知识积累和职业素养训练，助力劳动者的全面发展和高素质人才的培养。在职业态度层面养成的持续专注、精益求精的坚守与习惯，也推动着劳动者"大国工匠"的基本素养和信仰型人格的形成。

■ **行业榜样**

"三峡工匠"李然：痴心守护"大国重器"

万里长江，纳百川汇巨流，作为新时代世界内河运量最大的黄金水道，三峡枢纽控巴蜀、引荆楚，是扼守长江经济带发展的关键节点。一扇扇开合的巨大闸门，像世界看中国的窗口，这里成为政治敏感度高、安全风险度高、民生关联度高、社会关注度高的重点航段。保障通航安全、畅通、高效至关重要，但不论是万里长江第一坝的葛洲坝，还是世界第一大坝的三峡大坝，

---

[1]习近平：《在庆祝中国共产党成立95周年大会上的讲话》，《求是》2021年第8期。

每一扇闸门都是世界级"巨无霸",要让它们俯首称臣,谈何容易?

李然16年如一日,"燃"在三峡,独辟蹊径,大胆革新,将三峡船闸停航检修时间从100多天压缩到50天,再缩短至30多天,通航效率不断攀升;他始终坚持在第一线开展科学研究,让三峡"天下第一门"提速再提速,用一项项凝聚着汗水和智慧的发明创造,每年为船方和社会节省数亿元。他用行动,凭借20多项通航关键技术、24项国家专利、3项行业标准,践行着自己的誓言:自主创新,科技报国,新时代共产党员就该越是艰险越向前。

(图片来源:《德耀荆楚 "三峡工匠"李然:痴心守护"大国重器"》,湖北文明网)

"李然创新工作室"是湖北省总工会授牌的省级劳模创新工作室,该工作室既是创新成果的孵化器,也是人才培养的加速器。2016年成立以来,在李然的指导带领下,工作室累计申报发明专利21项,获得授权发明专利3项、实用新型专利8项,撰写论文86篇,提出合理化建议187条,均成功转化应用。在同事眼中,李然是破冰专家,是引航者;在业内人眼中,他是当之无愧的技术管理精英。每天,他在现场忙得脚不点地,因为在他的心中,守护好、运行好大国重器,早已成为他最坚定的执着与崇高的信念。

(改编自《德耀荆楚 "三峡工匠"李然:痴心守护"大国重器"》,湖北文明网,2021-04-26)

三、工匠精神的培育方法

在新时代,大力弘扬工匠精神,有助于推动实施制造强国战略,提升我国综合实力,有助于培养大国工匠,促进科技创新,有助于打造中国品牌,提升国际形象。我们不必人人成为工匠,却可以人人成为工匠精神的弘扬者、践行者。

(一)加强专业知识学习,树立终身学习意识

大学生要崇尚技能、崇尚劳动,具有学习掌握技术的兴趣和意愿,具有熟练掌握专业技术的能力,具备将专业技术创意和方案转化为有形物品或

对已有物品进行改进与优化的能力。专业学习和实践实训绝不只是简单地做出有形的产品，还应结合行业特点和专业特点分析本职业岗位应具备的职业精神，并将其融入专业学习。

为了自己的持续发展，大学生要树立起终身学习的意识，不断积淀知识经验，强化自身的创新意识、创新精神，积极参与创新实践，从小事做起、从基础做起，迎难而上、百折不挠，在实践中增长见识、砥砺品质、强化本领、收获成功。

（二）专心致志，干一行爱一行

大学生要学习工匠对工作充满激情、对技术精益求精、对产品追求极致、穷尽一切力量只为做到最好的精神，要把工作当作使命，当作一生的信仰和追求。只有把工作当作使命的人，才能始终对工作充满热情，才能潜心谋事、一心干事、全心成事，才能激发自己最大的潜能。

不慕虚荣，珍惜就业岗位。工作来之不易，应该把自己的工作当作一种责任、一种承诺、一种义务、一种使命。珍惜岗位就是珍惜自己的就业机会，拓展自己的生存和发展空间，千万别等到失去的时候才懂得珍惜。如果你对工作总是漫不经心，做一天和尚撞一天钟，不珍惜自己的岗位，到头来损害的不光是企业的利益，自己也会因此丢掉手中的"饭碗"。对自己的每一份工作，我们都应有珍惜之情，并勤问之、慎思之、精进之，精益求精、精雕细琢，从而在每一个岗位上成就辉煌。

（三）树立职业荣誉感，赢得尊重

所谓职业荣誉感，是指职业人士在其专业领域内秉持高度的职业责任感，全心投入并出色完成工作任务，进而于社会层面赢得尊重与荣耀的心理体验与情感状态。职业荣誉感与敬业精神、职业道德的紧密关联性不容忽视。良好的职业荣誉感，作为社会正向循环的显著特征，彰显了个体与社会之间健康互动的基石。唯有将日常工作执行得尽善尽美，方能赢得尊重与认可，进而深刻体会职业赋予的崇高荣誉感与满足幸福感。普通人在平凡岗位上的卓越贡献，不仅能够促进社会的发展与进步，还彰显了个人价值与社会潜能的无限可能。于新时代背景下，大学生应秉持并强化职业荣誉意识，无论置身学府抑或职场，均应以工匠精神为标尺，严格规范自身言行举止与工作态度，通过卓越成就赢得社会尊重与认可。

（四）用创新捕捉智慧之光

纵观人类发展历史，创新始终是推动一个国家、一个民族向前发展的重要力量。在"互联网＋"时代,信息是瞬息万变的,大学生应积极投入"双创",并在"双创"中注入工匠精神。就创业者而言,要有坚守信仰、不忘梦想的初心,顽强执着、拼搏进取的决心,坚韧不拔、锲而不舍的耐心,更需要有精益求精、追求卓越的匠心。就创新者而言,既要摒弃浮躁、潜心钻研,又要优化创意、精雕细琢,不断精进、永不自满。工匠精神能够使我们更加关注创新创业的细节和风险,养成踏实、勤劳、严谨、不浮夸、不浮躁的工作态度,脚踏实地地走在创新创业的征途上。

■ 大国工匠

李军:深耕一线铸匠心

李军,中国石化集团公司技能大师,"李军创新工作室"带头人。他先后研制出8种类型100多种测井仪器,带领团队累计创造产值上亿元。1988年,李军作为胜利油田的"油二代",参加工作后,成为一名测井小队操作员,1994年因为表现出色被派到冀东油田从事外部市场服务。"那里的冬天太冷了,夜里设备被冻成冰疙瘩,每次干活前,必须拿柴油喷灯一点一点烤。"当时测井仪器比较落后,只能一趟一趟下井,生产时效很低。和众多其他测井队伍同场竞技,李军从不服输,他等工友睡着了,悄悄从床上爬起来,打着手电筒在小本子上写写画画,反复修改,最终打败了"拦路虎"。他凭借实际行动不仅赢得了口碑,还获得了甲方的奖励。

(右上图为李军正在操作设备车,完成产品称重。下图李军(左一)在和同事研究产品工艺图纸。图片来源:《中国梦实践者 航天科工三院159厂特级技师李军:匠心铸就国之重器》,中国经济网)

2002年,李军在基层小队担任队长。由于测井仪器不断更新,科技含量越来越高,他自我加压,靠刻苦自学取得了中国石油大学(华东)的计算机专业本科学历。随着胜利测井外部市场不断发展，李军带队四处转战，干中学，学中干，对测井仪器的性能洞察入微，技改发明也更加得心应手，从一名测井工逐渐成长为测井工特级技师、山东省突出贡献技师。

2011年，李军创新工作室成立；2018年，工作室获得首批授牌。工作室的20多名成员全部来自一线小队和仪器维修专业干部。李军带领大家全力聚焦生产实际难题，以推动公司创新创效为目标，秉持"维修、改进、发明"的思路，把"敬业、精益、专注、创新"的工匠精神贯穿全过程，经过不懈努力，一项项"书本上找不到、市场上买不来、生产中离不开"的创新成果如雨后春笋相继诞生。

为解决固井测井任务多、仪器购置价格高的问题，团队完成了"固井组合测井仪器"电子线路的研制。该成果应用后，完成数千井次施工，节省仪器购置费300余万元，年均创效200余万元。工作室自主研制的"组合式小井眼声波测井仪"，集成声波、自然伽马和通信传输功能于一体，仪器长度由12米减到5米左右，有效解决了侧钻井容易遇阻的问题，测井一次成功率提升20%以上。目前，该仪器已完成32口侧钻井测井任务，并获得全国能源化学地质系统优秀职工创新二等奖。

针对大斜度井、水平井无法完成井壁取芯的难题，他们研制成功钻杆输送模块化撞击式取芯器，在外部市场增收120万元。工作室设计的"测井电缆快速鱼雷"，将更换电缆鱼雷的时间由原来的30分钟缩短到3分钟以内，推广应用后工作效率大幅提升；发明的"取芯器岩芯筒拆卸工具"解决了无法取出残留岩芯筒的问题，有效避免了生产一线的安全风险。

"一线是创新的沃土，扎根基层更让我动力十足。我要带领工作室针对生产中的瓶颈勇于担当、克难攻坚，为把能源饭碗端在自己手里再立新功、再创佳绩！"李军说。

（改编自《李军：深耕一线铸匠心》，中国石化新闻网，2022-05-09）

📨 思考训练

一、选择题

1. 习近平总书记在2015年4月28日庆祝"五一"国际劳动节暨表彰全国劳动模范和先进工作者大会上强调的劳模精神内涵是（　　　）。

　　A. 爱岗敬业、争创一流，艰苦奋斗、勇于创新，淡泊名利、甘于奉献

　　B. 崇尚劳动、热爱劳动、辛勤劳动、诚实劳动

　　C. 爱岗敬业、精益求精、协作共进、追求卓越

　　D. 忠诚敬业、争创一流，苦干实干、勇于创新，淡泊名利、甘于奉献

2.习近平总书记在 2020 年 11 月 24 日全国劳动模范和先进工作者表彰大会上概括的劳动精神内涵包括(　　)。

    A.爱岗敬业、争创一流、艰苦奋斗、勇于创新

    B.崇尚劳动、热爱劳动、辛勤劳动、诚实劳动

    C.精益求精、协作共进、追求卓越、开拓创新

    D.淡泊名利、甘于奉献、艰苦奋斗、勇于创新

3.新时代工匠精神的核心是(　　)。

    A.爱岗敬业的职业精神

    B.精益求精的品质精神

    C.协作共进的团队精神

    D.追求卓越的创新精神

4.劳模精神与社会主义核心价值观的关系是(　　)。

    A.劳模精神高于社会主义核心价值观

    B.劳模精神生动诠释了社会主义核心价值观

    C.两者没有必然联系

    D.社会主义核心价值观包含劳模精神

5.《左传》中"民生在勤,勤则不匮"体现的劳动精神内涵是(　　)。

    A.崇尚劳动   B.热爱劳动

    C.辛勤劳动   D.诚实劳动

二、判断题

1.劳模精神的本质特征是"爱岗敬业、争创一流"。(　　)

2.工匠精神只存在于手工业和制造业中,在服务业中不存在。(　　)

3.劳动精神主要是指人们对于劳动的热爱态度及劳动者在劳动过程中体现出来的精神状态、精神面貌、精神品质。(　　)

4.新时代工匠精神包括爱岗敬业的职业精神、精益求精的品质精神、协作共进的团队精神、追求卓越的创新精神四个方面。(　　)

5.劳动成果是神圣的,但劳动本身并不具有美的属性。(　　)

三、简答题

1.简述劳模精神爱岗敬业、争创一流的内涵及意义。

2.结合王顺友的事迹,分析劳动精神在平凡岗位上的体现。

3.新时代工匠精神对增强国家综合竞争力有什么作用?

4.大学生应如何在学习中践行劳模精神?

5.简述劳动精神培育的基本要求和途径。

主题实践

大国工匠,时代楷模

中国从"制造大国"走向"制造强国",不仅需要大批科学技术专家,也需要千千万万能工巧匠。一个时代有一个时代的精神气质。党的二十大报告指出,加快建设国家战略人才力量,努力培养造就更多大师、战略科学家、一流科技领军人才和创新团队、青年科技人才、卓越工程师、大国工匠、高技能人才。

主题实践一　劳模精神践行活动

1. 活动主题

学习劳模事迹,践行劳模精神,在新时代的伟大实践中发挥青年学子的积极作用。

2. 活动目标

知识目标:深入了解劳模精神的内涵和时代价值,学习劳动模范的先进事迹。

能力目标:培养发现榜样、学习榜样、宣传榜样的能力。

态度目标:树立正确的劳动观和价值观,增强社会责任感。

3. 实施步骤

(1)开展劳模事迹学习活动,收集整理身边的劳模故事。

(2)组织劳模精神专题讲座或报告会。

(3)举行劳模精神主题演讲比赛。

(4)撰写学习心得体会,制作宣传展板。

4. 活动评价

完成本主题实践活动之后,以小组会议的形式进行总结与思考。可以以小组为单位撰写学习总结,提交PPT演示文稿,并推选代表在总评会上讲解,小组之间相互进行点评,最后由教师进行总结评价。

(1)技能考核评价。

技能考核评价表

班级		姓名	
学号		小组成员	

续上表

实践项目	
实践流程	
结果分析	
自我评价	优秀□　合格□　不合格□
教师评价	优秀□　合格□　不合格□ 教师签名：　　年　月　日

(2)学习过程评价。

学习过程评价表

序号	考核内容	配分(分)	评分标准	自评(分)	互评(分)	师评(分)
1	小组准备	10	小组分工明确,能够对学习任务内容及实施步骤进行精心准备			
2	知识运用	30	能够熟练、准确地运用所学知识完成主题实践			
3	成果展示与任务报告	20	成果展示内容充实、语言规范,主题实践活动报告结构完整、观点正确			
4	学习态度与课堂纪律	15	学习积极主动、态度认真,遵守教学秩序			
5	自主学习与动手能力	10	具有自学意识与较强的动手能力			
6	团队配合	15	具有团队意识,分工明确,问题得到解决,团队纪律良好			
	总分统计	100				

注:综合得分 = 自评×30% + 互评×30% + 师评×40%。

主题实践二　劳动精神社会实践活动

1.活动主题

深入社会基层,在劳动实践中培育和弘扬劳动精神。

51

2.活动目标

(1)知识目标:了解不同行业的劳动特点和价值,认识劳动对社会发展的重要作用。

(2)能力目标:提升社会实践能力和团队协作能力,增强服务社会的本领。

(3)态度目标:培养热爱劳动、尊重劳动者的情感,增强社会责任感和奉献精神。

3.实施步骤

(1)校内劳动实践方面:

①参与校园环境整治活动(如清洁卫生、绿化美化等)。

②协助图书馆整理图书、维护秩序。

③参与学校食堂、宿舍管理服务工作。

④开展勤工助学活动。

(2)校外劳动实践方面:

①家庭劳动:承担家务劳动,体验家庭责任。

②企业实习:深入工厂、商店、农场等开展劳动体验。

③交通运输体验:参与物流配送、公共交通服务等实践。

(3)公益劳动服务方面:

①社区志愿服务:参与社区环境整治、为老服务等活动。

②科普讲解服务:在博物馆、科技馆等场所提供讲解服务。

③交通安全志愿服务:协助维护交通秩序,宣传交通安全知识。

④环保志愿活动:参与垃圾分类宣传、植树造林等环保活动。

4.活动评价

完成本主题实践活动之后,以小组会议的形式进行总结与思考。可以以小组为单位撰写学习总结,提交PPT演示文稿,并推选代表在总评会上讲解,小组之间相互进行点评,最后由教师进行总结评价。

(1)技能考核评价。

技能考核评价表

班级		姓名	
学号		小组成员	
实践项目			
实践流程			

续上表

结果分析	
自我评价	优秀□　合格□　不合格□
教师评价	优秀□　合格□　不合格□ 教师签名：　　　年　　月　　日

(2)学习过程评价。

学习过程评价表

序号	考核内容	配分(分)	评分标准	自评(分)	互评(分)	师评(分)
1	小组准备	10	小组分工明确,能够对学习任务内容及实施步骤进行精心准备			
2	知识运用	30	能够熟练、准确地运用所学知识完成主题实践			
3	成果展示与任务报告	20	成果展示内容充实、语言规范,主题实践活动报告结构完整、观点正确			
4	学习态度与课堂纪律	15	学习积极主动、态度认真,遵守教学秩序			
5	自主学习与动手能力	10	具有自学意识与较强的动手能力			
6	团队配合	15	具有团队意识,分工明确,问题得到解决,团队纪律良好			
总分统计		100				

注:综合得分 = 自评×30% + 互评×30% + 师评×40%。

模块三

劳动技能

模块导学

进入21世纪以来,在智能时代浪潮的推动下,劳动力市场和教育系统更加注重培育符合时代需求的综合人才,着重培养大学生在劳动实践中对知识的运用、整合与探究能力,同时关注发展大学生的生活技能、职业技能和社会技能。本模块旨在引导大学生深入了解劳动技能的内涵和重要性,掌握生活技能、职业技能和社会技能的培养方法,通过劳动实践全面提升综合素质,成长为适应新时代要求的高素质劳动者。

思维导图

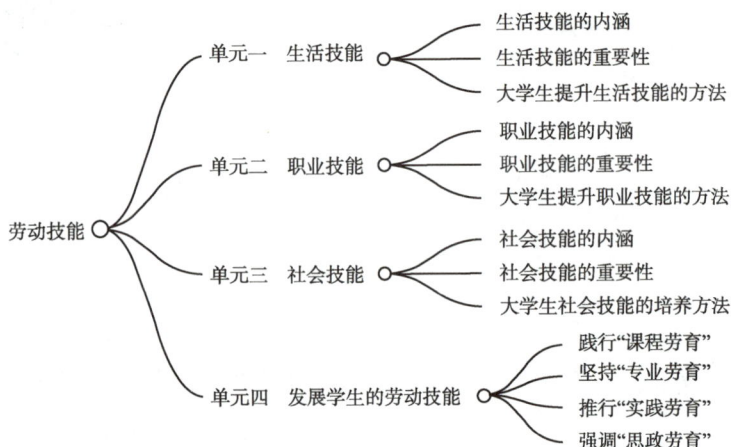

劳动技能
- 单元一 生活技能
  - 生活技能的内涵
  - 生活技能的重要性
  - 大学生提升生活技能的方法
- 单元二 职业技能
  - 职业技能的内涵
  - 职业技能的重要性
  - 大学生提升职业技能的方法
- 单元三 社会技能
  - 社会技能的内涵
  - 社会技能的重要性
  - 大学生社会技能的培养方法
- 单元四 发展学生的劳动技能
  - 践行"课程劳育"
  - 坚持"专业劳育"
  - 推行"实践劳育"
  - 强调"思政劳育"

学习目标

知识目标

1. 了解生活技能、职业技能、社会技能的基本内涵和相互关系。

2. 掌握各类劳动技能的培养途径和提升方法。

3. 理解劳动技能在个人全面发展进程中的重要作用。

能力目标

1. 能够通过劳动实践切实提升生活自理能力和基本生活技能。

2. 掌握专业相关的职业技能,具备胜任未来工作岗位的基本能力。

3. 培养良好的社会交往能力和团队协作精神。

素质目标

1. 树立正确的劳动技能观,充分认识技能提升对个人发展的重要意义。

2. 培养主动学习、勇于实践的品质,在劳动中锤炼意志品格。

3. 增强服务社会、奉献他人的责任意识和使命担当。

案例导读

从"准大学生"到"生活能手"——小李的暑假蜕变

高考结束后,准大学生小李像许多同龄人一样,原本计划在家睡觉、上网、看电视、同学聚会,好好犒劳一下辛苦的自己。然而,想到孩子即将独自在外求学,小李的妈妈开始担心起来:从小到大,小李几乎所有的生活事务都是家长包办——衣服不会洗,房间不会整理,甚至连简单的家常菜都不会做。"你只要好好学习就行,其他的事都用不着你管。"这句话曾经是妈妈的口头禅,如今却成了全家人的担忧。

于是,妈妈决定利用开学前的最后一个月,集中培养小李的生活自理能力。父母进行了分工明确:妈妈负责传授日常生活技能,教小李如何换床单被褥、清洗衣物、缝补衣服,还为小李普及了一些基本的医药常识;爸爸则负责教授实用技能,包括简单的家电维修、安全用电知识等。此外,生活日用品的选购技巧、基本的理财知识等小李的父母也都一一传授。

经过一个月的"特训",小李不仅学会了基本的生活技能,更重要的是体会到了劳动的意义和价值。他开始主动承担起家庭的部分家务,还运用所学技能帮助邻居解决了一些生活小问题。开学后,小李带着满满的自信走进大学校园,很快就适应了独立的大学生活,甚至成为室友们的"生活导师"。

💡 **引导问题**

1.小李的经历反映了当代大学生在劳动技能方面存在哪些问题?

2.生活技能对大学生的成长发展有什么重要意义?

3.大学生应该如何平衡学业与劳动技能的培养?

4.高校在培养学生劳动技能方面应该发挥什么作用?

单元一 生活技能

当前,社会上不珍惜劳动成果、不愿劳动、不会劳动的现象频现,科技便利、家庭物质生活水平的提升,导致许多年轻人生活技能正被淡化、弱化。广大青年必须重视生活技能的培养,在日常劳动中提升自我管理和独立生活的能力。

一、生活技能的内涵

生活技能是指个体采取积极和适应的行为,有效处理日常生活中各种需要和挑战的能力。作用对象上,生活技能主要针对日常生活中的具体事件;功能上,掌握生活技能有助于对日常生活事务进行有效处理,能够提高个人心理素质、促进个人社会成熟、开发个人潜力、提高社会适应能力;本质上,它属于技术和能力范畴。

世界卫生组织将生活技能划分为五个具体方面:决策与解决问题能力、创造性思维与批判思考能力、沟通与人际交往能力、自我意识与移情能力以及处理情绪与压力能力。生活技能直接关系到每个人一生的发展和成功。从对他人的依赖到独立自主应对生活,这是大学生人生发展的必然趋势,也是其走向健康、成熟的具体体现。

二、生活技能的重要性

书本上的知识与学校里所学习的技能在应对日常生活中的种种挑战时往往无法匹配、不具备针对性,这要求我们将知识和技能转化为适用于日常生活的行为能力。生活技能的培养对学生发展具有重要性和必要性。

掌握生活技能能够有效改善大学生的生活与健康状况。不良生活习惯容易引起许多疾病,掌握一定的生活技能能够为我们保持身体健康创造条件。自理生活与自主管理自己的能力是学生养成良好生活习惯、良好学习习惯的基础。比如,通过制定日程表、时间管理表等,可形成适合自己的生活作息、学习时间管理方式。

学习生活技能是大学生不断加深自我认识、促进自我提升的过程。学会生存、学会生活有利于大学生实现自觉性、独立性的发展,有利于大学生通过自我管理,加深自我察觉,进行自我判断,从而正确认识自我。随着对自我认识的加深,大学生能够更加客观、全面地评价自己,在遇到挫折时勇敢面对,成为快乐自信的人。

生活技能的习得过程有助于培养大学生的责任感。在生活工作中每个人都担负着一定的义务和责任,缺失责任感往往会导致失误和过错。对即将进入社会的大学生进行生活技能教育、培养其责任感,不仅有助于他们建立完整的个人生活,也有利于其在履行社会义务、家庭义务时,充分积极、有效地完成自己的任务、履行自身的职责。

三、大学生提升生活技能的方法

大学生可以通过两种方法提升生活技能:一是基于个人家庭生活的日

常家务劳动实践;二是基于校园环境的学校生活劳动实践。

(一)主动参加家务劳动

参与家务劳动是每个家庭成员都应该承担的责任。虽然大部分学生都是住校生,但利用寒暑假开展家务劳动是大学生进行生活技能锻炼的常见做法。家务劳动包括烹饪、整理与清扫、衣物收纳等。

家务劳动看似稀松平常,实际上是一项非常有价值的家庭活动。家务劳动有益于身心健康,是锻炼肢体和大脑协同活动的过程。清洁、收纳、烹饪等日常家务劳动对劳动者的体力、技巧和知识都有一定的要求,劳动者还能够做家务锻炼肢体,活跃思维,进一步提升动手能力和问题解决能力。家务劳动还能够增强大学生的责任意识,培养他们积极承担家庭责任、社会责任,同时增强其同理心,提升其共情能力。

(二)参与学校生活劳动

学校生活劳动是指学生在校园内开展的日常性劳动,主要包括打扫宿舍卫生、校园保洁、打扫教学区卫生、绿化美化、勤工俭学等。通过参与学校生活劳动,大学生不仅可以提高生活技能,还可以提升自我管理能力。

日常生活劳动可与学校开展的劳动教育相结合,立足于处理学生个人的生活事务,提升学生的生活技能,强化学生的自立自强意识。同时,结合新时代校园爱国卫生运动,培养学生养成良好生活习惯和卫生习惯。在校园参加劳动教育,能够让大学生践行勤奋、实干精神,体验不同职业的艰辛。

■ 拓展阅读

培养良好生活习惯的重要性

生活技能的培养不仅在于学会做某些事情,更重要的是养成良好的生活习惯和生活态度。研究表明,良好的生活习惯对身心健康、学习效率和人际关系都有积极影响。

首先,规律的作息习惯能够提高学习效率。合理安排学习、休息和娱乐时间,有助于保持精力充沛,提高注意力集中度。其次,整洁有序的生活环境能够培养严谨细致的工作作风。通过整理个人物品、维护宿舍卫生等劳动,可以增强条理性和责任心。最后,基本的生活技能是独立生活的前提,也是走向社会的必备素质。

当代大学生应该摒弃"万事包办"的依赖心理,主动承担生活责任,在劳动中磨炼意志,在实践中提升能力,为今后的人生发展奠定坚实基础。

单元二　职　业　技　能

对于即将步入职场的大学生来说,职业技能是其职业发展中的关键要素。职业技能是从业者最基本的职业素养,是衡量从业者是否具备胜任工作的基本条件和能力的重要标志。

一、职业技能的内涵

职业技能是指在职业环境中合理、有效地运用专业知识、职业价值观、道德与态度的各种能力,包括智力技能、技术和功能技能、个人技能、人际和沟通技能、组织和企业管理技能等。相较于侧重应对实际生活的生活技能,职业技能更具专业性、针对性,尤其是某些特殊职业对其从业人员有着非常严格的技能要求。

二、职业技能的重要性

劳动的实践属性是与生俱来的,其落实与推进重在行动,因此,作为准劳动者的大学生必须接受针对专业和职业的技能实践。具体而言,大学生接受专业和职业技能实践的重要性包括如下几个方面。

首先,有助于大学生明晰个人的未来职业发展规划,能够帮助大学生了解职业的不合理信念,找准自己的位置和未来发展方向,找到并运用自己的天赋,发现自己喜欢且认可的行业和职业。

其次,通过校内、校外实训基地,大学生在实际职业体验中培养职业所需的核心硬技能,提升专业知识,并培养良好的职业习惯,学会如何处理职场的人际关系,以及如何进行时间管理。

最后,有助于大学生将专业理论知识与具体实践相结合,更快地获取新劳动信息、了解新技术,从而促进大学生完成学业与实现就业有效衔接,助力大学生实现更高质量就业。

三、大学生提升职业技能的方法

在高校推进劳动教育的过程中,应该坚持显性教育和隐性教育并重的原则,全面整合各类课程和教学手段中的潜在劳动教育资源,实现全过程全人员、全方位的育人目标。通过系统地发掘课程内容和实践活动以及日常教学环节中包含的劳动教育元素,有效促进大学生形成正确的劳动观念并培养其劳动技能和职业素养,构建起涵盖理论指导和实践体验的立体化劳动教育体系。职业技能实践通过实施针对性的劳动技能训练项目并深化劳动科学知识的学习,显著提升大学生的专业技术能力和职业适应性。这一过程不仅注重技术层面的熟练掌握,还强调理论和实践的紧密结合,确保大学生能够将所学知识有效应用于实际工作情况中,增强其在职场的竞争优势。增强职业能力的方法主要包含以下几个关键方面。

(一)校内课程

各大高校积极推出劳动技术教育课程,旨在培养具备高尚品德和智慧以及强健体魄的未来社会人才。劳动技术教育课程系统培养大学生的劳动价值观,使其逐步养成良好的劳动习惯,获得初步的职业技术知识和基本操作技能,并通过实现理论和实践的结合来培养大学生的创新思维和实践能力。这样做不仅为大学生将来升学或步入职场做好了充分准备,更是通过综合性的学习活动促进学生的全面发展,确保其具备解决实际问题的能力,奠定终身学习和适应社会变革的基础。

(二)校内实训课

校内实训课程是为大学生提供实际技能操作培训的专业教育环节。大学生能够在真实的或模拟的工作环境中应用理论知识,培养出适应未来职业需求的实践能力和专业素养。大学生在实习课程中将课堂教学中的理论知识实际应用到生产实践中,熟练掌握所需的职业技能并为将来走上工作岗位做好充分准备。实践教学阶段,本质是学生进行专业技能实际操作及体力与脑力劳动的过程。

(三)专业实习

专业实习作为教育体系中不可缺少的实践环节,是在学生完成其校内理论学习阶段后,由学校组织安排在企业或事业单位实施的专业技能培养活动,其旨在深化大学生对所学专业知识的理解和应用,同时提升其职业素养和实际工作能力。相较于校内实训,专业实习的独特之处在于其提供了真实的工作环境,使大学生能够直接参与产品的实际制造过程来服务于实际生产需求。这一实践显著强化了劳动教育的社会属性。大学生通过这种直接经验不仅能够深化对理论知识的理解,还能培养解决实际问题的能力,进一步增强职业素养和社会适应性。

(四)顶岗实习

校内外兼职实习和顶岗实习作为一项关键的实践训练手段,是不可缺少的角色。顶岗实习项目让在校大学生全职融入实际工作环境,独立承担实习职位的所有任务和责任,并开展职业活动,从而显著增强其劳动技能和实践经验,为其未来职业生涯奠定坚实基础。此外,大学生参与校内外组织的职业技能竞赛不仅能够有效锤炼其专业技能,还能够在这个过程中建立起正确的劳动价值观,同时培养公正无私的道德品质、坚韧不拔的毅力和热心公益的精神。

单元三　社 会 技 能

社会技能的内涵较为丰富,贯穿于日常生活、工作的方方面面,更多强调的是个体如何与自己相处,如何同周围成员进行互动。尤其在信息时代和智能时代,当机械性的、重复性的劳动被智能机器取代,人的特殊性和优势逐渐凸显,以人际交流为核心的社会技能对人类而言愈显重要。

一、社会技能的内涵

社会技能是一种具有强烈可迁移性的"待人接物"能力,是个体与自我、社会以及社会成员互动的所有能力的总概括。社会技能一般包括:与他人交往的行为,如接受权威、谈话技巧、合作行为;与自我有关的行为,如情感表达、道德行为、对自我的积极态度;与任务有关的行为,如参与行为、任务的完成、遵循指导等。

二、社会技能的重要性

社会技能与学术界提出的包括开放性、外向性、协调性等在内的非认知能力具有高度的重合性,主要表现在情感、社会适应性、人际沟通交往能力等方面。非认知能力是 21 世纪人才的核心胜任力,也是我国基础教育亟待深化的重大课题。

社会技能是实现成功和幸福的关键要素,一个人是否成功与幸福,取决于认知、情感、意志、行为等多方面的综合作用。生活技能、职业技能要与社会技能协同发展,才能实现认知能力和非认知能力的平衡发展,为个体带来更大的成功和幸福。

大学阶段主要培养的是日后要直接走向社会的"准劳动者",良好的社会技能能够改善大学生对自己和他人的态度,使其更好地与学校、社会连接。这不仅是大学生实现幸福生活的重要基础,也是社会发展的重要人性基础。

三、大学生社会技能的培养方法

社会技能的培养注重引导个体运用知识、技能、工具、设备等为他人和社会提供服务,特别是在公益劳动、志愿服务中强化社会责任,培养良好的社会公德。

志愿服务是最普遍的服务性劳动,也是对大学生进行劳动教育的重要途径和有效载体。大多数高校都会在寒暑假组织大学生到各地进行社会实践活动,尽管大学生所从事的工作可能与自己所学专业无关,但是短期的工作经历能够让大学生体验劳动的艰辛和收获的快乐,进而领悟劳动的意义与价值。

■ 行业榜样

推普助力乡村振兴的大学生志愿者

2021年暑期,教育部和共青团中央共同开展"推普助力乡村振兴"全国大学生暑期社会实践志愿服务活动,引导广大青年学生志愿服务乡村推普工作。

来自各高校的大学生志愿者深入中西部民族地区和农村地区,面向青壮年劳动力、学前和学龄儿童、留守妇女等群体,开展国家通用语言文字教育和宣传活动。他们通过发放问卷、访谈、座谈等方式开展入户调查,摸清当地普通话普及情况;面向青少年儿童开展教育,提升其国家通用语言文字应用能力和文化素质;将普通话培训与生产生活技能提升相结合,为农牧民、电商人才、旅游服务业人员等开展专题培训。

通过这次志愿服务活动,大学生不仅运用所学知识为社会作出了贡献,更在实践中受教育、长才干,增强了社会责任感和奉献精神。他们用实际行动诠释了新时代青年的使命担当,展现了劳动教育的实践价值。

(改编自《北京:2021"推普助力乡村振兴"全国大学生暑期社会实践志愿服务活动举行》,中国公益新闻网,2021-07-28)

单元四 发展学生的劳动技能

在校大学生主要依托高校,进入社会生活前完成自我完善、自我发展和技能提升。因此,高校在培育劳动习惯、端正劳动信念以及促进大学生专业技能提升、生产能力提高等方面大有可为。

一、践行"课程劳育"

大、中、小学劳育构成"爱劳动、会劳动、懂劳动"的三部曲，与中小学生相比，大学生不仅要爱劳动、会劳动，更要懂劳动，"明劳动之理"。

首先，高校应开设专门的劳育类通识课程，如"劳动科学概论"或"劳动概论"，系统地向大学生介绍劳动法律、劳动关系、劳动经济、劳动社会保障、劳动安全、职业卫生等各门劳动科学基础知识。

其次，高校需将实施劳动教育与思想政治教育、专业教育、创新创业教育、校园文化以及社会实践相结合，并融入人才培养的各个环节，推动劳动教育落地落实。在德育方面，要将劳动教育融入思想政治理论课，将"劳动模范""先进工作者""最美中国人"等鲜活案例融入课堂教学内容。

二、坚持"专业劳育"

与以往的专业实习相比，新时代劳动教育实践不仅强调学生专业知识能力的提升，更注重培养学生勤俭、奋斗、创新、奉献的劳动精神，重视新知识、新技术、新工艺、新方法的应用，进而提高大学生的创新能力和创造性劳动能力。

把劳动教育融入大学生的专业课程学习与实习实训，要在专业课程中强化本专业劳动伦理和劳动发展趋势教育，构建具有本专业特色的劳育价值体系；要在实习实训中强化劳动知识和技能训练，开展劳动权利和责任教育，进行劳动情感和态度培养，全面培育劳动精神。

三、推行"实践劳育"

全面推进劳动教育与大学生社会实践和志愿服务、创新创业教育、职业生涯教育、就业指导、产教融合及校园文化的结合，通过形式多样的劳动实践，在提高大学生综合素质的同时，引导他们理解并认可劳动最光荣、劳动最崇高、劳动最伟大、劳动最美丽的道理。

在劳动教育与创新创业教育的结合上，必须努力优化创新创业课程体系，将劳动教育元素融入大学生职业发展与就业指导课程教学。同时加强校、院两级众创空间和"双创"实践基地建设，拓展劳动教育实践领域。

四、强调"思政劳育"

思想引领至关重要，要特别强调用好思想政治理论课堂这个主渠道、主阵地,形成德育、劳育协同育人效应。在马克思主义基本原理概论中强化劳动经典的解读,深化马克思主义劳动价值观教育;在毛泽东思想和中国特色社会主义理论体系概论中加入习近平总书记关于劳动问题重要论述的阐释;在形势与政策中加入当前劳动力市场的分析与发展展望。

■ 拓展阅读

国外劳动教育的经验借鉴

德国十分重视劳动教育,把劳动教育视为学生职业生涯和社会生活的重要准备和基础。德国劳动教育的教师培养有两种模式,十分重视劳动教师师资的实践能力。德国中学劳动课设置了四大类——技术、经济、家政和职业指导,配备专用教室,设备齐全,设计讲究。

美国的劳动教育围绕学生的职业生涯规划开展,分为基于成为家庭有效成员的劳动教育、基于就业的劳动教育、基于公民培养的劳动教育三类,并通过多样的活动形式,把体育、艺术、爱国教育等内容融入其中。

芬兰劳动教育在课程设置和评价标准方面有着较为成熟的体系,包括手工课、家政课、编程课程及综合课程等。芬兰劳动教育关注发展学生的技能以及解决实际问题的能力,将编程教育融入劳动教育,设计理念具有鲜明的特色。

这些国外经验可为我国高校劳动教育的发展提供有益借鉴。

思考训练

一、选择题

1.世界卫生组织将生活技能划分为几个具体方面?(　　)

A.三个方面　　　　　　　B.四个方面

C.五个方面　　　　　　　D.六个方面

2.下列哪项不属于职业技能的范畴?(　　)

A.智力技能

B.技术和功能技能

C.家务劳动技能

D.组织和企业管理技能

3.社会技能主要强调的是(　　)。

A.专业知识的掌握

B.个体如何与自己相处,如何同周围成员进行互动

C. 日常生活事务的处理

D. 职业环境中的专业操作

4. 高校劳动教育中,"课程劳育"的核心要求是( )。

　　A. 爱劳动　　　　B. 会劳动　　　　C. 懂劳动　　　　D. 以上都是

5. 袁传伟"一个人的生产线"的故事主要体现了( )。

　　A. 熟练的职业技能

　　B. 工匠精神和责任担当

　　C. 良好的生活技能

　　D. 出色的社会技能

二、判断题

1. 生活技能主要针对日常生活中的具体事件,属于技术和能力范畴。

( )

2. 职业技能比生活技能更具专业性和针对性,某些特殊职业对从业人员有严格的技能要求。 ( )

3. 社会技能与学术界提出的非认知能力没有关联性。 ( )

4. 顶岗实习是学生作为单位员工的一员,完全履行实习岗位职责的实践活动。 ( )

5. 高校劳动教育只需要开设专门的劳育类通识课程即可,无须与其他教育相结合。 ( )

三、简答题

1. 简述生活技能的内涵及其对大学生发展的重要性。

2. 大学生可以通过哪些方式提升职业技能?请列举并简要说明。

3. 什么是社会技能?它在21世纪人才培养中的地位如何?

4. 高校如何通过"四个劳育"(课程劳育、专业劳育、实践劳育、思政劳育)来发展学生的劳动技能?

5. 结合"推普助力乡村振兴"大学生志愿服务案例,说明志愿服务对培养大学生社会技能的作用。

◥ 主题实践

劳动技能提升实践

作为新时代大学生,我们要在劳动实践中提升各项技能,全面发展自己的综合素质。劳动技能不仅是个人生存发展的基础,更是服务社会、贡献国家的重要能力。

主题实践一　生活技能提升挑战

1. 活动主题

通过系统性的生活技能训练,提升大学生的生活自理能力和独立生活水平,培养其勤俭节约、自立自强的品格。

2. 活动目标

知识目标:掌握基本的生活技能和自我管理方法。

能力目标:提升独立生活能力和解决实际问题的能力。

态度目标:养成勤劳节俭的生活习惯,树立自立自强的人生态度。

3. 实施步骤

(1)制订个人生活技能提升计划。

(2)开展宿舍整理、衣物清洗、简单烹饪等实践活动。

(3)学习基本的理财知识和时间管理技巧。

(4)总结经验,分享心得体会。

4. 活动评价

完成本主题实践活动之后,以小组会议的形式进行总结与思考。可以以小组为单位撰写学习总结,提交 PPT 演示文稿,并推选代表在总评会上讲解,小组之间相互进行点评,最后由教师进行总结评价。

(1)技能考核评价。

技能考核评价表

班级		姓名	
学号		小组成员	
实践项目			
实践流程			
结果分析			
自我评价	优秀□　合格□　不合格□		
教师评价	优秀□　合格□　不合格□ 教师签名:　　　年　月　日		

（2）学习过程评价。

学习过程评价表

序号	考核内容	配分(分)	评分标准	自评(分)	互评(分)	师评(分)
1	小组准备	10	小组分工明确,能够对学习任务内容及实施步骤进行精心准备			
2	知识运用	30	能够熟练、准确地运用所学知识完成主题实践			
3	成果展示与任务报告	20	成果展示内容充实、语言规范,主题实践活动报告结构完整、观点正确			
4	学习态度与课堂纪律	15	学习积极主动、态度认真,遵守教学秩序			
5	自主学习与动手能力	10	具有自学意识与较强的动手能力			
6	团队配合	15	具有团队意识,分工明确,问题得到解决,团队纪律良好			
	总分统计		100			

注:综合得分 = 自评×30% + 互评×30% + 师评×40%。

主题实践二　职业技能实训体验

1. 活动主题

通过专业相关的实训活动和企业实习,提升职业技能水平,提高就业竞争力,培养职业素养和工匠精神。

2. 活动目标

知识目标:了解专业相关的职业技能要求和行业发展趋势。

能力目标:掌握核心专业技能,提升实践操作能力。

态度目标:培养敬业精神和精益求精的工匠品格。

3. 实施步骤

（1）参与校内实训课程和技能竞赛。

（2）联系企业开展专业实习和顶岗实习。

（3）参加职业技能证书考试。

（4）制作个人职业发展规划书。

4.活动评价

完成本主题实践活动之后,以小组会议的形式进行总结与思考。可以以小组为单位撰写学习总结,提交 PPT 演示文稿,并推选代表在总评会上讲解,小组之间相互点评,最后由教师总结评价。

（1）技能考核评价。

技能考核评价表

班级		姓名	
学号		小组成员	
实践项目			
实践流程			
结果分析			
自我评价	优秀□　合格□　不合格□		
教师评价	优秀□　合格□　不合格□ 教师签名:　　　年　月　日		

（2）学习过程评价。

学习过程评价表

序号	考核内容	配分(分)	评分标准	自评(分)	互评(分)	师评(分)
1	小组准备	10	小组分工明确,能够对学习任务内容及实施步骤进行精心准备			
2	知识运用	30	能够熟练、准确地运用所学知识完成主题实践			
3	成果展示与任务报告	20	成果展示内容充实、语言规范,主题实践活动报告结构完整、观点正确			
4	学习态度与课堂纪律	15	学习积极主动、态度认真,遵守教学秩序			

序号	考核内容	配分(分)	评分标准	自评(分)	互评(分)	师评(分)
5	自主学习与动手能力	10	具有自学意识与较强的动手能力			
6	团队配合	15	具有团队意识,分工明确,问题得到解决,团队纪律良好			
总分统计		100				

注:综合得分 = 自评 ×30% + 互评 ×30% + 师评 ×40%。

模块四

劳动品质

模块导学

　　劳动品质是个体通过劳动生活与教育养成的与劳动相关的品质,是人的全面发展的重要组成部分。本模块将探索大学生应培养的三种核心劳动品质——吃苦耐劳、诚实守信和团结协作,帮助大学生在劳动实践中培养正确的劳动态度,提升劳动技能,融入劳动创新。通过理论学习和实践活动,引导大学生将个人成长与国家发展紧密结合,成为有理想、有本领、有担当的新时代青年。

思维导图

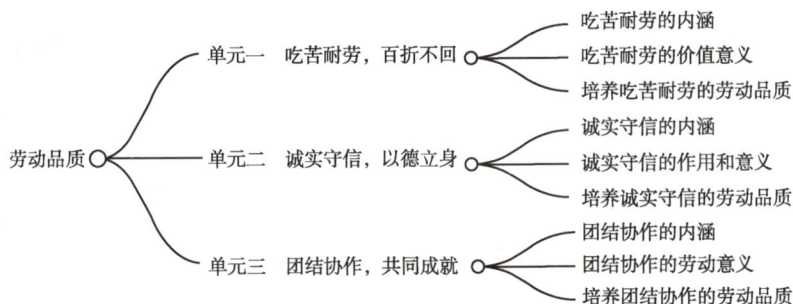

学习目标

知识目标

1. 了解吃苦耐劳、诚实守信、团结协作的内涵。
2. 理解吃苦耐劳、诚实守信、团结协作的价值意义。

能力目标

1. 在学习、生活和工作中能正确面对苦差事,科学处理苦差事。
2. 明确划分诚信和失信之间的界限,对是非曲直作出正确判断。
3. 积极参加集体劳动,提升沟通和协作能力。

素质目标

1. 克服浮躁的心理,培养坚韧不拔的意志和吃苦耐劳的劳动品质。
2. 端正诚实守信的劳动态度,树立诚实守信的劳动信念,培养诚实守信的劳动品质。
3. 增强团队合作的意识,弘扬奉献精神,培养团结协作的劳动品质。

案例导读

"青藏铁路人"的不朽丰碑

　　最早从宏观上提出修建青藏铁路的是孙中山。在那个动荡不安的年代,这是一个不可能实现的构思。中华人民共和国成立后,按照规划,青藏铁路建设分为三步:第一步是修建兰青铁路,第二步是修建青藏铁路西格段,第三步是修建青藏铁路格拉段。1958 年 5 月,铁道部第六工程局动工修建兰青铁路。16 个月后,结束了青海没有铁路的历史。

1958 年 9 月,在兰青铁路开工建设的同时,上万名铁路建设者开始了青藏铁路第一期工程——西宁至格尔木段的建设。但由于青藏高原艰苦的自然环境和施工条件等因素制约,1961 年,青藏铁路建设被叫停。1973 年,毛主席会见尼泊尔国王比兰德拉时说:"青藏铁路修不通,我睡不着觉。"此后,沉寂了 13 年的青藏铁路计划再次被提上日程。1974 年,铁道兵挥师高原修建青藏铁路,用风枪、铁锹、榔头打响了这场艰苦的大会战。

平均海拔约 3600 米的关角隧道是西宁至格尔木段的重难点工程。在修建过程中,坍方灾害频发,给施工造成极大困难。在青海省天峻县烈士陵园内,长眠着 55 位英灵。他们之中,最小的 19 岁,最大的也才 23 岁,他们用生命谱写出青藏铁路建设史上独一无二、壮怀激烈的英雄篇章。

经过艰苦卓绝的奋战,青藏铁路西格段于 1984 年 5 月 1 日开通运营。通车初期,青藏铁路的运营者克服种种困难,用高度的使命感和顽强的作风,确保了铁路安全畅通。也正是在青藏铁路人的滋养灌溉下,"扎根高原的吃苦精神、立足本职的创业精神、协作友爱的团结精神、默默无闻的奉献精神"这些老青藏铁路精神被孕育而出并发扬光大,为后来青藏铁路精神的铸成奠定了坚实基础。

2001 年,青藏铁路第二期工程格尔木至拉萨段工程开工。青藏铁路格尔木至拉萨段全长 1142 千米,是世界上海拔最高的高原铁路,13 万名建设者历时 5 年,破解了"多年冻土、高寒缺氧、生态脆弱"三大世界性工程技术难题,填补了国内多项技术空白。

截至 2021 年 6 月底,青藏铁路全线开通运营已 15 年,中国铁路青藏集团有限公司累计运送货物 6.9 亿吨、旅客 2.67 亿人。

(改编自《"青藏铁路人"的不朽丰碑》,中国青年网,2021-11-30)

👣 引导问题

1.青藏铁路建设者面临哪些困难和挑战?他们是如何克服这些困难的?

2.从青藏铁路建设中,你能获得哪些关于吃苦耐劳精神的启示?

3.青藏铁路建设者的团结协作精神是如何体现的?这对当代大学生有何启示?

4.青藏铁路的建设成就与哪些劳动品质密切相关?你如何在自己的学

习和生活中培养这些品质？

所谓品质，一是指人的行为、作风所表现的思想、认识、品性等本质；二是指物品的质量。劳动品质则是指个体通过劳动生活与后天教育养成的与劳动相关的品质。《大中小学劳动教育指导纲要（试行）》提出："能够自觉自愿、认真负责、安全规范、坚持不懈地参与劳动，形成诚实守信、吃苦耐劳的品质。"养成良好的劳动品质，对人的全面发展具有极其重要的意义和价值，大学生应努力培养吃苦耐劳、诚实守信、团结协作的劳动品质。

单元一　吃苦耐劳，百折不回

一、吃苦耐劳的内涵

吃苦耐劳是人们耳熟能详的日常用语。在五千多年的历史长河中，中华民族历经了无数的苦难与忧患，在这些大灾大难面前，英勇的中国人民不仅没有被吓倒，而且战胜了艰难与困苦，铸就了坚韧顽强、无坚不摧、吃苦耐劳的民族精神。作为一种优良品质，吃苦耐劳在历史积淀中被中华民族世代相传，并对中华民族在磨难中奋起发挥着巨大的作用。

苏轼在《晁错论》中说："古之立大事者，不惟有超世之才，亦必有坚忍不拔之志。"一个人如果想有一番作为，首先要能吃苦，即把自己可以支配的时间、精力都用于对自身能力、素质的提升，在这个过程中，需要付出汗水，需要克服艰难险阻，需要牺牲休闲娱乐的时间；其次，在意志力层面，需要耐劳，面对困难和挫折永不言弃，不达目的决不罢休，坚持不懈，持之以恒。

随着时代的变迁，虽然吃苦耐劳的外在表现形式更加多样，吃苦耐劳精神的内涵也得到了丰富，但其内在的本质却是永恒不变的。

二、吃苦耐劳的价值意义

（一）促进创新能力发展

在"大众创新，万众创业"的时代背景下，科技创新对于我国来说是驱动发展的战略要件，也是确保国家竞争力的重要因素。人才作为科技发展的基础和创新的核心，是推动科技进步和产业升级的关键动力。改革开放以来，我国高等教育体系与国家发展步伐紧密结合，经历了从探索到创新的发展过程，承担起"高级人才供应"和"科技成果转化"的重要任务，实现了规模和实力的历史性提升。

当前部分大学生在参与劳动实践时,自我判断力比较弱,往往盲目崇拜权威,对真理缺乏质疑和批判态度,习惯被动接受知识而不是主动探索,这阻碍了他们独立思考能力和创新思维的培养,限制了他们对知识的深入理解和提升自主学习的能力。培养坚韧不拔的工作精神能够激发大学生对劳动工具的改进和对劳动方法的思考,促使他们从根本上分析复杂问题并引发思想碰撞来产生创新思维,增强其创新能力,使其摒弃机械模仿的思维方式,从而培养出具备知识型和技能型以及创新型特质的新时代人才。

(二)传承勤俭节约美德

勤俭节约根植于中华民族悠久的历史文化中,也是现代社会倡导的社会风尚,体现了对资源合理利用和个人节制生活的深刻理解。全面建成小康社会后,弘扬节俭这一传统美德应该得到更多重视,需要在全社会大力推广。我国当前和未来较长时期内仍处于社会主义初级阶段的基本国情没有改变,建设社会主义现代化国家仍需要长期不懈的努力。

大学生正处于个体成长的关键时期,培养他们形成热爱劳动和尊重劳动成果的勤俭节约价值观,加深他们对中华民族传统勤俭美德的理解和认同,体现了劳动教育的重要目标,也是培养其吃苦耐劳品质的必要条件。当前社会中抗拒艰苦劳动的现象比较突出,特别是在大学生群体中表现为对体力劳动的回避和排斥,更深层地体现在个别大学生对劳动价值的忽视和不尊重上。

培养大学生的吃苦耐劳精神,可以使他们在劳动实践中亲身体验到劳动带来的幸福感和光荣感,学会尊重每一位劳动者和珍惜劳动成果。特别是在全球格局深刻变革的背景下,某些国家通过高科技手段对我国施压,使我国面临关键技术瓶颈和挑战。对于我国来说,珍惜劳动成果和尊重劳动人民不仅关系到经济增长和繁荣,更涉及国家安全的根本问题。

(三)实现全面发展目标

马克思提出的人的全面发展理论强调,在生产实践中个体的智力潜能和身体素质以及综合能力能够得到充分和自由的协调发展。这一理念要求每个人都成为具备多方面能力的综合性人才,适应复杂多变的生产活动,满足社会变迁需求,实现个体与社会共同进步的和谐状态。

培养吃苦耐劳精神是促进大学生综合素质全面提升的关键途径。在道德品质方面,立德树人作为我国教育体系的重要目标,通过以劳树德的方式来培养学生的品德和价值观。培养大学生坚韧不拔的精神和勤勉品质,让大学生深刻理解正当行为和不当行为的区别,洞察劳动的本质包括其价值和真实性以及道德性,成长为心怀博爱和坚持高尚道德原则的人。

在认知能力方面,随着知识经济时代的到来,培养大学生的创新思维成为教育的重要任务。强化大学生的吃苦耐劳精神能促进他们深化对真理的探求和对道理的理解。通过劳动实践,大学生能够积累宝贵经验来丰富知识体系,在实践中激发创新灵感和提升智力水平,实现劳动与创新以及知识与智慧的深度融合。

在身体健康方面,健康的身体是大学生学习生活和工作的基础。参与劳动实践不仅可以促进大学生身体机能的整体发展,还能培养其独立生活能力和自立自强的品质,帮助他们建立起"我能做"和"我愿做"的自信心。这个过程通过实际操作和经验积累增强了大学生个体的自我效能感,促进了其全面发展和人格塑造。

在审美能力方面,培养坚韧不拔的精神能够促进大学生对美的多元认知,包括发现美、欣赏美以及创造美,在劳动实践中深刻领悟劳动过程的美学价值和成果之美。这不仅增强了大学生的审美鉴赏能力,也深化了他们的人文素养内涵,让其真切体会到劳动带来的尊严感、幸福感和价值感,实现个人全面发展和社会价值的提升。

三、培养吃苦耐劳的劳动品质

自古以来,我国人民经受了各种艰难困苦,在苦难中锤炼自身。进入新时代,习近平总书记号召我们撸起袖子加油干,不负青春,不负韶华。历史和现实都告诉我们,要实现梦想,就必须努力奋斗。新时代的大学生必须具备吃苦耐劳的品质,在奋斗中释放青春激情,成就出彩人生,以青春之我、奋斗之我,为祖国建设添砖加瓦,为实现中华民族伟大复兴注入青春力量。

(一)强化劳动认同

劳动是每一个有劳动能力的人的光荣职责。但是当前有些大学生受到一些不科学、不健康、不正确的言论误导,陷入一种误解劳动、忽视劳动甚至鄙视劳动的误区。当下青年普遍存在奋斗动力不足的情况,这会影响大学生培养吃苦耐劳的精神。目前在大学生中存在跟风消费、盲目攀比、急功近利、缺乏吃苦耐劳的实干精神等现象。新时代的大学生肩负着实现国家富强、民族复兴、人民幸福的时代重任,是国家的未来与民族的希望,要继续发扬自力更生、艰苦奋斗的优良传统,树立正确的观念,热爱劳动,强化劳动认同,用实干诠释新时代大学生的责任与担当。

■ **拓展阅读**

谈谈如何看待"网红"蹭热度炒作

2021 年 8 月 5 日,东京奥运会跳水赛场再次同时升起两面五星红旗,中国选手全红婵、陈芋汐以绝对优势包揽女子 10 米台冠军、亚军。作为中国体育代表团年龄最小的运动员,年仅 14 岁的全红婵在决赛第二跳、第四跳和第五跳均获得满分,最终以 466.20 分的总成绩拿到女子 10 米台历史最高分。在全红婵获得奥运金牌后,很多"网红"主播到她的家乡拍照、直播,入夜以后村里车辆依然络绎不绝,不少主播冒雨在全红婵家外直播,甚至暴露其家庭住址,严重影响其家人的正常生活。针对此类违规行为,某直播平台安全中心下架违规视频 3287 条,处罚违规直播间 106 个,处罚违规账号 92 个,其中永久封禁违规账号 32 个。

(改编自《全红婵家一天被 2000 多人打卡,无底线蹭流量的"网红"分明是"网黑"》,新华每日电讯,2021-08-10)

(二)重视劳动体验

我国著名教育家陶行知先生指出:"教育要通过生活才能发出力量而成为真正的教育,德育同样而且必须要通过生活才能成为真正的德育。"列宁强调:"学习、教育和训练如果只限于学校以内,而与沸腾的实际生活脱离,那我们是不会信赖的。"对于劳动教育来说更是如此,劳动教育不仅要有课堂上的理论教学,更需要学生在日常生活中去亲自尝试,增强日常生活中的劳动技能。学生应在日常的劳动中培养吃苦耐劳品质,离开真实生活中的劳动谈吃苦耐劳就失去了基础,变成了纸上谈兵。因此,培养吃苦耐劳品质必须打通知识世界和生活世界之间的界限,植根于真实生活世界,在切身劳动中感受劳动带来的喜悦和收获,全面、充分地了解劳动世界,在劳动过程中加深体验。只有通过劳动培养出的吃苦耐劳品质才具有强大的生命力。

对于大学生来说,只有在他对父母的劳动和社会的劳动有了惊异、崇敬的感情之后,才会产生我也应当做些什么的愿望。所以,首先,大学生要了解、尊重父母的劳动,并且积极参与力所能及的劳动,学会自我管理、自我劳动、自我服务,培养独立生活的能力。其次,大学生要积极主动参与学校与社会组织的各种公益性活动,如寝室值日活动,去敬老院或福利院进行公益劳动,参加志愿服务等,在社会公益活动中感受服务他人、奉献社会带来的成长与收获。最后,大学生要参与和学科相关的专业实践活动,如专业的实习实训、假期社会实践等,在劳动中将所学专业与实际生活相结合,加强对专业知识的理解,并将专业知识逐步转化为自身的专业技能。

(三)正确对待"苦差事"

《大中小学劳动教育指导纲要(试行)》提出:"让学生动手实践、出力流汗,接受锻炼、磨炼意志。"意志是意识的能动作用,是自我意识非常重要的组成部分,个体能否做成一件事情,取决于个体是否愿意付出时间、精力,克服困难、追求目标。法国生物学家巴斯德有一段名言:"立志、工作、成功,是人类活动的三大要素。立志是事业的大门,工作是登堂入室的旅程。这旅程的尽头就有个成功在等待着。"可见,意志在人的成才、成事中具有极为重要的作用。劳动是磨炼意志非常重要、有效的途径。经常劳动的人往往都有很坚强的意志,一方面是因为劳动过程本身是艰苦的,艰苦的劳动过程能够锻炼个体的意志;另一方面,劳动本身是以获得成果为目标的活动,当人们通过自己的努力获得成就时,这些劳动成果本身就会带来强烈的成就感、获得感,从而能够提升个体的意志水平。孟子曰:"故天将降大任于是人也,必先苦其心志,劳其筋骨,饿其体肤,空乏其身,行拂乱其所为,所以动心忍性,曾益其所不能。"因此,面对学习、工作中的"苦差事",我们要成为思想上的先行者,将一份份"苦差事"看作自己前进道路上的基石,在辛勤的劳动中磨炼自己的意志力,坚强的意志力又是今后攀登高峰的重要保障。

■ 大国工匠

用"文墨精度"诠释工匠精神——方文墨

方文墨被誉为钳工界的奇才,歼-15战机(代号飞鲨)的标准件中,有近70%都是方文墨所在的沈阳飞机工业(集团)有限公司生产的,歼-15战机中不少核心零件就是方文墨和他的团队亲手打磨的。时光似乎特别眷顾这个"80后"钳工,他25岁就拿到了钳工的最高职业资格,26岁参加全国青年职业技能大赛夺得钳工冠军,29岁成为中国航空工业集团有限公司(以下简称中航工业)最年轻的首席技能专家。教科书上认为人的手工锉削精度极限是千分之十毫米,而方文墨加工的精度达到了千分之三毫米,相当于头发丝的二十五分之一,这是数控机床都很难达到的精度。因此,中航工业将这一精度命名为"文墨精度"。

方文墨刚刚进入钳工行业的时候,很多老师傅都认为,以方文墨的身材很难成为出色的钳工,因他身高1.88米,体重200斤,他的身高比1米的工作台高了将近一倍,从先天的身体条件来看,方文墨并不适合做钳工。方文墨工作后,将家中的阳台改造成练功房,每天下班回家,他就钻进阳台,苦练技术。每天连续训练四五个小时,锉刀持续发出的刺耳声音甚至让他出现生理性呕吐。正常情况下,钳工一年要换 10 多把锉刀,方文墨一年却换了 200 多把,有几次居然生生把锉刀给磨断了。由于长年累月的苦练,"80 后"方文墨背已经有些驼了。方文墨就是凭着他的勤奋、努力、刻苦,创造了"文墨精度",用"文墨精度"诠释了工匠精神。

(图片来源:《全国青联副主席方文墨:用"文墨精度"诠释工匠精神》,中华全国青年联合会官网)

方文墨的理想是"立言立行,做中国最好的钳工;航空报国,造世界最先进的歼击机"。工作中,方文墨肯吃苦、耐得住寂寞、刻苦练习、磨炼意志、钻研技能,用技能的精度改变人生高度。

(改编自《全国青联副主席方文墨:用"文墨精度"诠释工匠精神》,中华全国青年联合会官网,2021-03-10)

价值引领

方文墨用实际行动诠释了"技能改变人生,实干成就梦想"的时代主题,是新时代产业工人勇攀技能高峰、服务国家建设的典型代表,彰显了劳动光荣、技能宝贵、创造伟大的价值理念。

单元二 诚实守信,以德立身

一、诚实守信的内涵

诚实守信是中华民族自古以来所推崇的美德,也是立身、立业、立国的根本,正所谓"人以诚立身,国以诚立心"。随着时代的发展,劳动的内涵和外延也发生了深刻的变化,但是新时代的大学生仍需遵守诚实守信的准则,

诚实守信的
内涵和价值

培养诚信精神、提升诚信自律、注重诚信践行,成为崇尚劳动、辛勤劳动、诚实劳动、尊重劳动者的践行者。

■ 行业榜样

用诚信和专业赢得口碑

全国劳动模范拜丽是中国邮政储蓄银行乌鲁木齐市分行沙依巴克区支行理财经理。工作11年,拜丽依然记得收到的第一面锦旗。那是2009年的一个下午,刚入职不久的拜丽像往常一样,耐心地教会了一位客户使用自助设备。没想到几天后,这位客户竟专程送来一面锦旗。这时拜丽才得知,原来客户当日急需用钱,不会使用自助设备的她走了很多地方都未能取到现金,最后走进沙依巴克区支行得到了拜丽的热情接待和帮助。举手之劳的一件小事,却得到了客户的褒奖,这是拜丽没有想到的。

(图片为拜丽参加全国劳动模范和先进工作者表彰大会。图片来源:《全国劳动模范拜丽:百姓身边的理财经理》,中国邮政储蓄银行官网)

2010年,拜丽从银行柜员调到理财经理岗位,帮助客户实现资产合理配置。拜丽说,一名优秀的理财经理不仅需要全面、专业的知识,更需要善良与真诚相待的服务热忱。

拜丽主动与每一位客户联系,跑市场、见客户,一边不断学习专业知识,一边不断深入了解客户,掌握客户的风险偏好,为客户推荐更适合的理财产品。

市民王平是沙依巴克区支行的老客户。他说,拜丽热情善良,专业细心,把客户的事当成自己的事去操心、去办理。

"拜丽不会为了业绩向我们介绍产品,她会根据我的资金情况、我的想法提供更适合我的理财建议。"王平说,这一点让他心里特别舒坦。

新冠疫情发生后,拜丽两次参加志愿者服务活动,主动协助邮政快递负责所居住小区内的投递工作,并在送快递的同时向居民宣传疫情防控知识。

做人的信条千万条,拜丽做人就一条:做一个诚信专业的金融人! 做事就是先做人,做人成功了,做事不成功是暂时的;做人不成功,做事成功也是暂时的。

(改编自《全国劳动模范拜丽:用诚信和专业赢得客户口碑》,中国新闻网,2020-12-14)

二、诚实守信的作用和意义

(一)个人层面

"我们要在全社会大力弘扬劳动精神,提倡通过诚实劳动来实现人生的梦想、改变自己的命运,反对一切不劳而获、投机取巧、贪图享乐的思想。"[①] 2016年4月26日,习近平总书记在知识分子、劳动模范、青年代表座谈会上的这句讲话深刻诠释了诚实劳动对一个人的重要性。一个人梦想的实现和命运的改变都源于诚实守信的劳动品质,都源于脚踏实地、认认真真的辛勤劳动和诚实劳动。诚实守信是立身之本。诚信是赢得信任、获得友谊、创造财富、融入社会、走向未来的通行证。孔子说"言必信,行必果",这里的"信"即诚信,人要守信用,在社会中才有立足之地。诚实守信是人与人之间建立纯真的友谊以及和谐关系的基础。孔子道"人而无信,不知其可也",一个人没有诚信,就会失去立足之本,失去发展的空间,失去坚强有力的支持。

(二)社会层面

诚实守信是维持社会正常秩序的基本保证,是构建社会主义和谐社会的助推器。首先,诚实守信是社会和谐的基础。诚实守信是和谐劳动关系的基石,每个劳动者都应将其对社会的义务和责任落实到诚信劳动的行动之中。其次,诚实守信是企业立足之本。诚信兴企,失信毁企,诚实守信能提高企业的生命力和竞争力。任何企业要想取信于客户,立足于社会,都必须坚持诚信高于一切的原则。

(三)国家层面

诚实守信是立国之本。诚信是赢得尊严、树立礼仪之邦风范、立国强国之根本。我国自古就有"民惟邦本,本固邦宁""得民心者得天下,失民心者失天下"等明训。如果一个国家诚信从政,为政清廉,取信于民,则政通人和;如果一个国家弄虚作假,言而无信,这个国家将无定时,人民将无宁日。我国古代有商鞅立木建信的佳话美谈,也有因不讲信誉、烽火戏诸侯而自食其果的周幽王。

---

①习近平:《在知识分子、劳动模范、青年代表座谈会上的讲话》,《人民日报》2016年4月30日。

如果再将眼光放得开阔一些，诚实守信是国际交往的基石。无论在人际关系中还是在国际关系中，信用都是一张通行证，以此可以走入他人内心或走向广阔的世界。一个在国际交往合作中坚持以诚待人、以信为本的国家，才能赢得国际社会由衷的尊重，才能扎实深入地开展国际合作。

在实现中华民族伟大复兴的关键时期，诚实劳动被赋予了新的内容——创新，创新为诚实劳动注入了新的血液。因此，诚实劳动的概念不再仅仅是忘我劳动、恪守职责、热爱工作岗位，还包括不断瞄准创新目标，融入创新理念，体现创新内涵，以保持诚实劳动的活力。

三、培养诚实守信的劳动品质

培养诚实守信的劳动品质，提高劳动素养，努力劳动，是当代大学生通向美好生活的一条平坦大道。

（一）培养诚信精神

诚信精神是中华民族传承至今的优良传统。以孔子为代表的儒家就特别强调诚信的养成。孔子认为教育的内容包括"文、行、忠、信"，其中"忠"和"信"即诚实守信，是我们每个人的修己之本、处世之道。

诚信精神是社会秩序的基础和根基。涵养和培养诚信精神是一个系统工程，需要国家、社会、个人共同发力。作为时代新人的大学生要成为营造诚信氛围的积极践行者，要在学习、工作、生活中在诚信与失信之间划出明确界限，对是非曲直作出正确的价值判断。

（二）提升诚信自律

中国传统文化中的诚信是基于"熟人"社会形成的，是一种对个人品质的要求，是一种以人心、观念、情感、德性为核心的道德文化。随着经济的发展，人口流动加剧，社会逐渐从"熟人"社会走向"陌生人"社会，不断形成"陌生人"生活场域，这就降低了诚信对个体的约束力，人们失信的代价变小，因而失信行为明显增多。在这种"陌生人"社会背景下，个体的诚信自律就显得尤为重要。

诚即真实，诚信是一种真，是真的良心、真的美德；信不是迫于压力，而是发自内心，自觉、自省的真信。诚信自律相对于诚信他律而言，要求个体能到慎独自省，做到不欺心，做到心中有信。明代文学家何良俊在《何氏语林》中记载了众所周知的公沙穆卖猪的故事。"公沙穆尝养猪，有病，使人卖之于市，云：当告买者言病，贱取其直，不可言无病，欺人取贵价也。卖猪人到市即售，亦不言病，其直过价。穆怪问其故，赍半直追以还买猪人，语以猪

培养诚实守信的
劳动品质

实有病,欲贱卖,不图卖者相欺,乃取贵直。买者言卖买定约,亦复辞钱不取。穆终不受钱而去。"通过《何氏语林》中记载的典故,我们可以看到当卖猪者将猪原价卖出而未告知买家实情时,公沙穆心中非常不安并责怪卖猪者,坚持将一半的钱退给买家。由此可见,信并不局限于外界的他律或者契约,而是在做人、做事的时候要做到不欺心,以心为信。大学生在劳动中要做到慎独自省,自我约束、自我调整,一言一行都要诚实守信,用诚信自律为自己的职业生涯保驾护航。

(三)注重诚信践行

人与人交往在于言而有信,国与国相处讲究诚信为本。诚实守信的劳动品质不仅要求个体具有诚信、自律的精神,更重要的是要落实到诚信行动上。知易行难,大学生要统一诚信精神与诚信行为,因为诚实守信的最终衡量标准还是个体的诚信行为。

大学生培养诚信行为,首先,要树立正确的价值观和动机,这是维持诚信行为的关键。社会认知理论认为,价值观是评价事物的价值标准,是对个体行为具有指导作用的心理倾向系统。因此,正确的价值观和动机有利于强化诚信行为的生成。其次,要进行自我控制。自我控制是指个体通过精细的、有意识的、需要付出努力的、改变个体自主反应的自我调节,使个体的行为与社会期望相符,从而助力个体追求或实现人生价值。每个人面对诱惑时,头脑中都可能会出现一些自私、不道德的观念和欲望,诚信行为就是个体与自身斗争、战胜个人本能的过程,个体可以尝试使用日记、自我反省等方法与头脑中的一些自私的想法、不道德的观念和欲望进行斗争。最后,通过观察学习来习得诚信行为。人类行为的习得都要经历一个由模仿到内化的过程,诚信行为亦如此。基于学习的"联结-认知"理论,榜样在个体诚信行为的养成中具有重要作用,因为每个人都有自我实现的需要,在生活中都渴望表现出友爱、正直、诚实、慷慨等高级品质,都有对美、正义、真理等高级价值的本能需求。为此,大学生应通过向榜样学习,坚持自身优点,改正缺点,修正自我,将诚信观念外化为诚信行为,努力成为诚实守信的践行者。

■ 拓展阅读

全国诚实守信模范——"信义老爹"杜长胜

杜长胜老人是江苏省徐州市睢宁县村民,2010年,杜长胜的大儿子借了300多万元建设面粉厂,工程还没完工,就和妻子相继在交通事故中去世。当时杜长胜已经是71岁的古稀老人,面对债务,他说:"只要有儿子、儿媳妇签字,我都认!你们放心,就是倾家荡产,我也要把这些账还了!"杜长胜的大儿子在城里有一套商品房,杜长胜以35万元的低价卖了,卖房子的钱还没焐热,就还了债。大儿媳妇去世时,厂子刚刚生产,还有一些原料。杜长胜就带着年幼的孙子坚持小规模生产,装车、送货、卸货、跑销路等,杜长胜都是自己干。后来实在干不动了,杜长胜以160万元的价格把厂子卖了还债。杜长胜一口承诺,东挪西借、省吃俭用,每天都为还债而奔波劳碌着,用5年时间为遭遇意外不幸去世的儿子、儿媳还清330万元债务。

有一种信念是替子还债,做人诚信;有一种敬佩是人在债在,一诺千金;有一种传承是诚信永续,莫失莫忘。杜长胜老人用身体力行践行着什么是诚实守信。

(改编自《"信义老爹"杜长胜,用五年时间替已故儿子还债330万,感动全国》,网易新闻,2022-07-06)

单元三　团结协作，共同成就

一、团结协作的内涵

团结协作是指人们在共同的劳动目标和劳动任务的基础上,相互支持与配合,积极、主动、协同做好各项分工任务。

团结协作的内涵包括两点:一是要有统一的目标;二是要有科学的规划、合理的分工。心不在一处,即使聚在一起,也只是乌合之众;只有心往一处想、劲往一处使,才能发挥团结协作的力量。

拥有共同的目标是团结协作的起点和核心。团结协作首先需要有明确统一的劳动目标,没有目标的协作就像一盘散沙,无法形成合力。在共享经济和大规模集成作业的模式下,团结协作具有重要的现实意义。

团结协作不仅意味着凝聚力量,还意味着有合理的分工和周密的配合。科学规划、合理分工是团结协作发挥力量的关键。伴随社会进程的加快,行业分工趋于精细,单打独斗已经不能满足当前社会发展的要求,团结协作显得尤为重要。没有人是一座孤岛,每个人都是大陆的一块、整体的一部分。只有在整体规划的指导下,专业分工才能在有序的"轨道"内行驶,实现不同工作任务的有效对接,团队协作才能发挥出真正的聚合效应。

二、团结协作的劳动意义

团结协作是劳动分工的必然要求,体现了人们的集体智慧,是现代社会

团结协作的内涵和意义

生活不可缺少的劳动方式。

(一)现代劳动的交往方式要求劳动者协同劳动

科技的发展带来了更加精细的劳动分工。每个个体的智力和体力都是有限的,人们必须通过劳动分工才能利用大量的科学知识以及种种相关技能,实现物质与精神生活的提高。例如,制造一辆汽车需要多个工序(如设计、零件制造、装配等),需要集成多种复杂的知识和技能,任何一个人都难以独自掌握,这就需要个人参与到汽车制造的劳动分工中,通过与他人协作,制造出一辆完整的汽车。

劳动分工要经历两个过程,即技术分工过程和社会分工过程。技术分工过程是将需要在一定时间内完成的多环节活动分解成可以由多个劳动者在指定时间内分别完成的劳动项目,又称具体劳动项目的形成过程。社会分工过程是给每个成员分配具体劳动项目的过程,即每个成员需要承担一个或几个具体的劳动项目,并在指定的时间内完成所分配的具体劳动项目。

(二)团结协作的劳动氛围可以提高劳动效率

马克思在《资本论》中提出,协作比分散劳动有优势:一是可以抵消各个劳动者在劳动能力上的差别,二是可以节约生产资料,三是创造了一种新的生产力——集体力,四是可以提高工作效率。[①] 群体的社会化劳动形式激发了竞争力,许多劳动者在同一时间做同一工作或同种工作,这种最简单的共同劳动形式即使在最发达的协作形态中也能起到重大作用。

劳动合作或协作是集体劳动的自然实现形式。任何个人的力量都是有限的,个人只有融入团队,依靠团队的力量,将自己的愿望与团队的目标相结合,才能超越个体的局限,发挥团队的协作作用,产生"1 + 1 > 2"的效果。

三、培养团结协作的劳动品质

《大中小学劳动教育指导纲要(试行)》提出要"注重让学生学会分工合作,体会社会主义社会平等、和谐的新型劳动关系"。我国著名教育家陈鹤琴提出"活教育"的目的论,他认为"活教育"的目的是"做人,做中国人,做现代中国人",并赋予"现代中国人"五方面的要求:"要有健全的身体、要有建设的能力、要有创造的能力、要能够合作、要服务。"他认为"教育即需训练人自小具有团队合作精神,能舍小我成全大我,舍一己之个体成全国家民族之大体"。作为社会中的个体,我们必须与其他人进行合作,通过合作、集体劳动等形式,创造生存所必备的生活资料、生产资料,以便更好地在社会上生存。

培养团结协作的劳动品质

---

①马克思:《资本论》第 1 卷,北京:人民出版社,2004 年,第 382-386 页。

（一）明确合作意识是基础

马克思在《资本论》中提出："许多人在同一生产过程中，或在不同的但互相联系的生产过程中，有计划地一起协同劳动，这种劳动形式叫作协作。"[①]要想充分发挥团队协作的作用，产生"1＋1＞2"的效果，团队成员就要有计划地一起劳动，目标一致、彼此信任，为了完成任务而相互合作。合作意识是团队成员自觉自愿、利己利他的心理状态，是团队高效完成工作的催化剂，是团队协作的基础。

培养合作意识的前提是认识到合作的重要性。著名心理学家荣格认为，个体的我只有融入集体才是完整的我。个体只有与集体中的成员相互合作、友好相处、共享信息与成果，才能实现最大的"双赢""多赢"。随着社会的发展，很多工作是个体无法完成的，需要人与人之间通力合作。以流水线生产为例，流水线生产中的每个人负责其中一个环节，要高效、顺利地完成生产就需要人们有序合作，每个人既要完成自己负责的环节，又要顾全大局，不能因个人影响整个生产过程。

培养合作意识要树立利他的价值取向。马克思认为，人的本质包括自然属性和社会属性，社会属性是人的本质属性，每一个人都从属于一定的社会群体，如家庭关系、业缘关系、经济关系等。[②] 团结协作要协调好个人、他人与集体的利益三者之间的关系，既要实现个人利益也要考虑他人利益和集体利益，以期达到个人利益与集体利益的最优化。

（二）积极参与集体劳动

苏霍姆林斯基指出："为集体而劳动，为集体创造物质财富，为集体服务——这些都是集体在劳动中的相互关系极重要的因素，缺少这些因素就不可能进行热爱劳动的教育。"[③]集体能够为个人提供与他人相互协作、取长补短、共同进步的机会，个人可以通过集体活动充分展示自己的个性、才华，并且与团体中其他成员共同为集体的荣誉努力、共同为集体创造财富，在获得个人成长的同时为集体贡献自己的力量。参加集体活动、集体劳动并不是以牺牲个人利益为代价，相反个人在集体活动中能够获得成长与发展。

马克思、恩格斯指出："只有在集体中，个人才能获得全面发展其才能的手段，也就是说，只有在集体中才可能有个人自由。""在真实的集体的条件

[①] 马克思：《资本论》第1卷，人民出版社2004年版，第378页。
[②] 马克思：《关于费尔巴哈的提纲》，载《马克思恩格斯选集》第1卷，北京：人民出版社，2012年，第135页。
[③] 苏霍姆林斯基：《帕夫雷什中学》，北京：教育科学出版社，1983年，第215页。

下,各个个体在自己的联合中并通过这种联合获得自由。"①马克思在《资本论》中认为,与分散劳动相比,协作劳动具有以下优势:一是协作可以抵消各个劳动者数学上叫作"误差"的个人偏离,甚至让个体能力上的差别归于消失;二是通过协作提高了个人生产力,而且是创造了一种生产力,这种生产力本身必然是集体力;三是协作劳动可以节约生产资料;四是在协作中与其他团队成员接触,能够激发每个人的竞争意识,振奋精神,从而提高工作效率;五是对于复杂的劳动,可以把不同的操作任务分给不同的人,使这些操作同时进行,缩短完成总的劳动任务所必需的劳动时间。同时,在紧要关头投入的巨大的劳动量可打破劳动期限的限制。② 2020 年新冠疫情发生之后,我国为了尽快做到"应收尽收、应治尽治",阻断病毒传播,在短时间内完成了火神山、雷神山医院的建设,充分展现了团队协作、集体劳动的重要性。团队成员通力合作会迸发出来一种新的生产力,即马克思所说的集体力。

■ 拓展阅读

火与雷——世界第一的中国速度

2020 年一场突如其来的新冠疫情席卷武汉,为了打赢湖北保卫战、武汉保卫战,约 4 万名建设者从四面八方赶来,他们日夜鏖战、并肩作战,与病毒赛跑,创造了 10 天左右时间建成火神山、雷神山两座传染病医院的"中国速度"。

(图片为 2020 年 2 月 1 日拍摄的武汉火神山医院建设工地(无人机照片)。图片来源:《致敬"沉默的英雄"——记武汉火神山雷神山医院的建设者》,新华网)

短短 10 天要完成选址、设计、交底、土建、设备安装、装修等各项工作,时间紧、任务重、人员物资有限、参与单位众多,这时候集体的协同作战就显得非常重要。基于此,火神山、雷神山两座医院施工中制定"小时制"作战地图,倒排工期,将每一步施工计划精确到小时乃至分钟,大量运用装配式建

---

①马克思、恩格斯:《德意志意识形态》,载《马克思恩格斯选集》第 1 卷,北京:人民出版社,2012年,第 199 页。

②马克思:《资本论》第 1 卷,北京:人民出版社,2004 年,第 378-382 页。

造、BIM建模、智慧建造等前沿技术，根据现场情况实时纠偏，使数百家分包、上千道工序、4万多名建设者都能统一协调、密切配合，确保规划设计、方案编制、现场施工、资源保障无缝衔接、同步推进。

（改编自《致敬"沉默的英雄"——记武汉火神山雷神山医院的建设者》，新华全媒头条，2020-04-02）

（三）注重培养集体荣誉感

集体荣誉感是一种积极的心理品质，表现为关心集体、热爱集体并愿意尽己所能为集体贡献自己的力量、智慧。集体荣誉感能够激励人们奋发向上。个人与集体之间相互依存、相互促进。个体都是在一定社会关系中生活的，是集体中的一员，不可能脱离集体而独自存在、独自生活，个人的成长离不开集体的支持；集体的发展同样需要成员积极沟通、相互支持、彼此负责、顾全大局，为实现集体的共同目标而努力。集体荣誉感对个体具有激励作用，激励个体为了集体的荣誉而奋力拼搏，同时，集体荣誉感是一种约束力，如果个体的行为会影响到集体荣誉、集体形象，个体也会主动放弃这些行为。因此，新时代大学生要培养自己的集体荣誉感，增强对集体的关爱心、责任心和包容心。

马克思、恩格斯在《德意志意识形态》中指出："历史不外是各个世代的依次交替。每一代都利用以前各代遗留下来的材料、资金和生产力；由于这个缘故，每一代一方面在完全改变了的环境下继续从事先辈的活动，另一方面又通过完全改变了的活动来改变旧的条件。"无论是过去、现在还是将来，青年是一切事业的继承、参与者，大到人类社会，小到国家，青年在其传承和延续中都发挥了重要作用。一代人有一代人的主题，一代人有一代人的使命，置身于新时代好青年大学生，要走好新的长征路，培养积极的劳动态度，以及吃苦耐劳、诚实守信、团结协作的劳动品质，为实现中华民族伟大复兴的中国梦而不懈奋斗。

◄ 思考训练

一、选择题

1. 苏轼在《晁错论》中说："古之立大事者，不惟有超世之才，亦必有坚忍不拔之志。"这句话强调的劳动品质是（　　）。

　　A. 诚实守信　　B. 团结协作　　C. 吃苦耐劳　　D. 勇于创新

2. 2016年4月26日习近平总书记在知识分子、劳动模范、青年代表座谈会上强调，要通过（　　）来实现人生的梦想、改变自己的命运。

　　A.投机取巧　　B.诚实劳动　　C.不劳而获　　D.贪图享乐

　　3.方文墨被誉为钳工界的奇才,他的加工精度达到了千分之三毫米,这一精度被命名为(　　)。

　　A.工匠精度　　B.文墨精度　　C.钳工精度　　D.标准精度

　　4.马克思在《资本论》中提出的协作劳动优势不包括(　　)。

　　A.可以抵消各个劳动者在劳动能力上的差别

　　B.可以节约生产资料

　　C.创造了一种新的生产力——集体力

　　D.减少了劳动者之间的竞争

　　5.诚实守信作为立身之本,其根本要求是(　　)。

　　A.言必信,行必果　　　　　B.追求物质享受

　　C.盲目崇拜权威　　　　　　D.急功近利

二、判断题

　　1.吃苦耐劳的精神内涵在时代变迁中会发生根本性的改变。　　(　　)

　　2.培养吃苦耐劳精神有利于大学生形成创新意识,提高创新能力。(　　)

　　3.诚实守信只是个人品德问题,与社会发展和国家建设无关。　　(　　)

　　4.在"陌生人"社会背景下,个体的诚信自律显得尤为重要。　　(　　)

　　5.团结协作要求团队成员必须有统一的目标和科学的规划、合理的分工。　　　　　　　　　　　　　　　　　　　　　　　　(　　)

三、简答题

　　1.请结合教材内容,简述吃苦耐劳精神对培养创新型人才的重要意义。

　　2.试分析诚实守信在个人、社会、国家三个层面的价值意义。

　　3.为什么说团结协作是现代劳动的交往方式的必然要求?

　　4.请说明大学生应如何培养诚实守信的劳动品质。

　　5.结合火神山、雷神山医院建设的案例,谈谈集体劳动的重要作用。

主题实践

主题实践一　诚信劳动实践——校园诚信商店

1.活动主题

诚信是立身立业的根本,本活动旨在通过建立和运营一个由学生轮流

值班,商品采用无人看管、自助付款模式的校园诚信商店,培养学生的诚信意识和责任感,让学生在实践中体验诚信的价值。

2. 活动目标

知识目标:了解商业运营基本知识,掌握简单的经营管理技能,学习市场运作规律和消费心理。

能力目标:提升诚信自律能力、商品管理能力、财务核算能力和服务意识,培养解决实际问题的能力。

态度目标:树立诚实守信的价值观,培养责任感和使命感,体验诚信经营的成就感,养成自律、自觉的行为习惯。

3. 实施步骤

(1)成立诚信商店管理团队,分工负责采购、销售、财务等。

(2)制定诚信商店管理规则,设计诚信监督机制。

(3)开展为期两周的诚信商店运营,记录经营数据。

(4)总结诚信商店运营经验和反思,分析诚信度与经营效益的关系。

4. 活动评价

完成本主题实践活动之后,以小组会议的形式进行总结与思考。可以小组为单位撰写学习总结,提交 PPT 演示文稿,并推选代表在总评会上讲解,小组之间相互进行点评,最后由教师进行总结评价。

(1)技能考核评价。

技能考核评价表

班级		姓名	
学号		小组成员	
实践项目			
实践流程			
结果分析			
自我评价		优秀□ 合格□ 不合格□	
教师评价		优秀□ 合格□ 不合格□ 教师签名: 年 月 日	

（2）学习过程评价。

学习过程评价表

序号	考核内容	配分(分)	评分标准	自评(分)	互评(分)	师评(分)
1	小组准备	10	小组分工明确,能够对学习任务内容及实施步骤进行精心准备			
2	知识运用	30	能够熟练、准确地运用所学知识完成主题实践			
3	成果展示与任务报告	20	成果展示内容充实、语言规范,主题实践活动报告结构完整、观点正确			
4	学习态度与课堂纪律	15	学习积极主动、态度认真,遵守教学秩序			
5	自主学习与动手能力	10	具有自学意识与较强的动手能力			
6	团队配合	15	具有团队意识,分工明确,问题得到解决,团队纪律较好			
总分统计		100				

注:综合得分 = 自评×30% + 互评×30% + 师评×40%。

主题实践二　乡村振兴实践——农村电商助农行动

1.活动主题

乡村振兴是国家战略,而电商是连接农村与城市的桥梁。本活动通过组织学生利用电商平台帮助农村地区销售农产品,为乡村振兴贡献力量,同时培养学生的团队协作能力和创新精神。

2.活动具体目标

知识目标:了解农村电商发展现状,掌握电商平台运营知识,学习农产品特性和市场需求分析方法。

能力目标:提升产品包装能力、营销推广能力和客户服务能力,锻炼沟通协调能力和资源整合能力。

91

态度目标:增强社会责任意识和服务意识,培养团队协作精神和助力乡村振兴的使命感。

3. 实施步骤

(1)走访周边农村地区,了解当地特色农产品和生产情况。

(2)成立电商运营团队,规划产品上架、推广策略。

(3)开展为期一个月的电商助农活动,跟踪销售数据。

(4)总结活动成效并进行反思,提出持续改进建议。

4. 活动评价

完成本主题实践活动之后,以小组会议的形式进行总结与思考。可以小组为单位撰写学习总结,提交 PPT 演示文稿,并推选代表在总评会上讲解,小组之间相互进行点评,最后由教师进行总结评价。

(1)技能考核评价。

技能考核评价表

班级		姓名	
学号		小组成员	
实践项目			
实践流程			
结果分析			
自我评价		优秀□　合格□　不合格□	
教师评价		优秀□　合格□　不合格□ 教师签名:　　　年　月　日	

(2)学习过程评价。

学习过程评价表

序号	考核内容	配分(分)	评分标准	自评(分)	互评(分)	师评(分)
1	小组准备	10	小组分工明确,能够对学习任务内容及实施步骤进行精心准备			
2	知识运用	30	能够熟练、准确地运用所学知识完成主题实践			

续上表

序号	考核内容	配分(分)	评分标准	自评(分)	互评(分)	师评(分)
3	成果展示与任务报告	20	成果展示内容充实、语言规范,主题实践活动报告结构完整、观点正确			
4	学习态度与课堂纪律	15	学习积极主动、态度认真,遵守教学秩序			
5	自主学习与动手能力	10	具有自学意识与较强的动手能力			
6	团队配合	15	具有团队意识,分工明确,问题得到解决,团队纪律良好			
总分统计		100				

注:综合得分 = 自评×30% + 互评×30% + 师评×40%。

模块五

劳动法规与安全

模块导学

劳动法规是保护劳动者权益、规范劳动关系的重要法律制度，劳动安全是保障劳动者生命健康的基本要求。在新时代，随着经济社会的快速发展和劳动形态的不断变化，劳动法规日趋完善，劳动安全保护体系不断健全，为构建和谐稳定的劳动关系提供了坚实的法律保障。

劳动法规以《中华人民共和国劳动法》《中华人民共和国劳动合同法》等为核心，涵盖了劳动关系建立、劳动合同履行、工资支付、工作时间、休息休假、劳动保护、社会保险等各个方面，形成了较为完整的劳动法律体系。劳动安全则以预防为主、以综合治理为方针，通过建立健全安全生产责任制、完善安全防护措施、加强安全教育培训等方式，最大限度地保障劳动者在劳动过程中的安全与健康。

本模块将引导大学生深入了解劳动法规的基本内容和重要意义，掌握劳动者享有的基本权益和应尽的义务，学会运用法律武器维护自身合法权益；同时帮助大学生树立安全意识，掌握安全防护知识和技能，提高其应对突发事故的能力，为今后安全劳动、健康工作奠定坚实基础。

思维导图

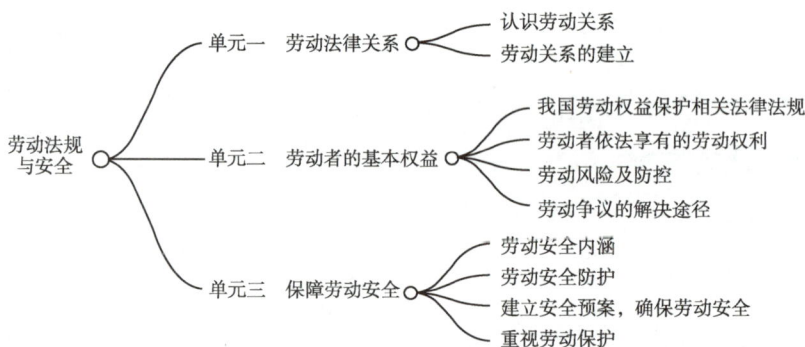

学习目标

知识目标

1.了解劳动关系的含义及类型，掌握劳动关系建立的标志、原则和前提条件。

2.了解我国劳动者的基本权益以及与劳动保护相关的法律法规。

3.了解大学生就业常见的劳动风险，学会防控劳动风险。

4.掌握安全常识，认识常见的劳动防护工具和应急救援方法。

能力目标

1. 遵守劳动基本规范,掌握解决劳动争议的基本方法,学会保护自身的劳动权益。

2. 遵守劳动纪律,在劳动过程中做好安全防护,掌握常用的应急处理技能。

3. 能够运用劳动法律法规分析现实问题,指导自身的劳动实践。

素质目标

1. 增强劳动安全和劳动权益保护意识,培养法治思维和法治观念。

2. 形成尊重法律、遵守法规的良好品质,培养社会责任感和权利义务意识。

3. 树立"安全第一、预防为主"的安全理念,养成安全文明的劳动习惯。

案例导读

保护"快递员慢下来"的权利

前不久,湖南省郴州市快递员小刘因家中有急事向公司申请休假,公司营运部很快就安排其他快递员代班。2022 年 9 月底,郴州市快递行业举行第一届第一次职工代表大会,通过了包含"制定快递员申报、企业安排代班调休制度,保证快递员每周至少休息 1 天"条款的行业集体合同。

国家邮政局数据显示,当前全国快递业日均揽收和投递包裹量均超过了 3 亿件。一件件快递的背后,是数以百万计快递员紧张忙碌的身影。在价值实现路径越来越多元化的当下,快递员职业受到一些人的青睐——准入门槛不高、工作时间灵活、"干得越多挣得越多",驱动着许多人为了更好的生活而奔跑。

与快递行业的迅速发展相比,快递员的劳动权益保护似乎"慢了一拍"。快递员不是一个空洞、抽象的符号,而是生动、鲜活的个体。关心那些在风里雨里奔跑的人,"快递员每周至少休息 1 天"可谓抓住了"关键"——只有劳逸结合、张弛有度,才能让劳动更加可持续。

劳动是一切财富的源泉,幸福都是干出来的。在劳动者权益保护得到越来越多认同的当下,快递员也不能成为被忽略和漠视的边缘群体。让快递员休息休假的权利从"纸面"落实到"地面",纾解快递员几乎全年无休、请假难等权利痛点,"快递员每周至少休息 1 天"饱含制度善意和人文关怀。通过代班调休制度保障"每周至少休息 1 天",不仅不会影响快递效率,反而有助于快递员轻装上阵。

快递行业本质上也是一个与人打交道的行业,传递的不仅是商品与服务,也包括人与人之间的情感与关系。快递员的身心状态直接影响快递服务的品质;快递员也有"慢"下来的权利,休息休假有助于快递员蓄能重新出发。做好快递员的劳动权益保障,有助于提升快递员群体的获得感与幸福感,有助于增强他们对职业的自我认同和社会认同。只有改善和优化快递员的生存状态,快递员职业才会更有吸引力和竞争力,快递员才会更有奔头。

（改编自《保护"快递员慢下来"的权利》,《新安晚报》,2023-04-11）

💡 引导问题

1. 快递员的劳动权益保护面临哪些问题?

2. 从劳动法的角度分析,用人单位应当如何保障快递员的休息休假权利?

3. 郴州市快递行业集体合同的做法对其他行业有什么启示?

4. 作为即将步入职场的大学生,应当如何运用法律武器维护自身的劳动权益?

单元一　劳动法律关系

劳动法律关系是劳动者与用人单位在实现劳动过程中建立的以权利义务为内容的社会关系,是调整劳动关系的法律规范在现实生活中的体现。理解和掌握劳动法律关系的基本概念、构成要素和建立方式,对于保护劳动者权益、规范用人单位行为、构建和谐劳动关系具有重要意义。

一、认识劳动关系

（一）劳动关系的含义

劳动关系是人类社会得以存在和发展的最基本的社会关系。在我国目前的经济条件下,劳动关系是指劳动者与劳动力使用者（单位）之间在劳动过程中建立或结成的关系。

从狭义角度讲,劳动关系是指企业所有者、经营者、普通职工及其工会组织之间在企业的生产经营活动中形成的各种责权利关系。劳动关系主要包括所有者与全体职工（包括经营管理人员）的关系、经营管理者与普通职工的关系、经营管理者与工会的关系、工会与职工的关系等。

劳动关系的一方（劳动者）必须加入某一个用人单位,成为该单位的一

认识劳动关系

员,并参加单位的生产劳动,遵守单位内部的劳动规则;而另一方(用人单位)则必须按照劳动者的劳动数量或质量向其支付报酬,提供工作条件,并不断改善劳动者的物质文化生活。

(二)劳动关系的构成要素

劳动关系由三个基本要素构成:劳动关系的主体、劳动关系的客体和劳动关系的内容。

1.劳动关系的主体

劳动关系的主体是指劳动关系的参与者,主要包括劳动者、用人单位和劳动者组织(工会)。劳动者是指达到法定年龄、具有劳动能力、以从事某种社会劳动获取收入为主要生活来源的自然人。用人单位是指中华人民共和国境内的企业、个体经济组织、民办非企业单位等组织,以及依法成立的会计师事务所、律师事务所等合伙组织和基金会。

2.劳动关系的客体

劳动关系的客体是指主体的劳动权利和劳动义务共同指向的事物,如劳动时间、劳动报酬、劳动纪律、安全卫生、福利保险、教育培训、劳动环境等。

3.劳动关系的内容

劳动关系的内容是指用人单位人力资源管理工作中的员工招收、录用、人力资源配置与协调等事务,具体表现为劳动合同的订立、履行、变更、解除和终止等行为。

(三)劳动关系的类型

按劳动过程的实现方式,劳动关系可分为两类:一类是直接实现劳动过程的劳动关系,即用人单位与劳动者建立劳动关系后,由用人单位直接组织劳动者进行生产劳动,当前这一类劳动关系居绝大多数;另一类是间接实现劳动过程的劳动关系,即劳动关系建立后,劳动者通过劳务派遣或借调等方式为其他单位服务实现劳动过程。

按具体形态,劳动关系可分为常规形式(正常情况下的劳动关系)、停薪留职形式、放长假形式、待岗形式、下岗形式、提前退养形式、应征入伍形式等。

按用人单位性质,劳动关系可分为国有企业劳动关系、集体企业劳动关系、外商投资企业劳动关系、私营企业劳动关系等。

按劳动关系规范程度,劳动关系可分为规范的劳动关系(依法通过订立劳动合同建立的劳动关系)、事实劳动关系(未订立劳动合同,但劳动者事实上已成为企业、个体经济组织的成员，并为其提供有偿劳动的情况）和非法劳动关系（如招用童工和无合法证件人员，无合法证照的用人单位招用劳动者的情形）等。

■ 拓展阅读

"网红"请求确认与经纪公司存在劳动关系

阿娇在某网络直播平台的直播间做主播，粉丝数近60万，拥有很高的人气。2016年1月，阿娇与上海某网络科技中心签订"主播经纪协议"，该公司安排其在某网站上指定的直播间进行直播。协议对阿娇工作内容、双方权利义务、权利归属、合作费用、收益分配、违约责任等进行了约定，约定该公司担任阿娇的独家经纪公司，独家享有其全部主播事业的经纪权；公司每月向阿娇支付保底收入5000元。

经过经纪公司的包装宣传，阿娇在网络上具有了一定的知名度。三个月后，阿娇退出公司在某网站上的指定直播间，并以公司未按规定为其缴纳社会保险费为由，向劳动人事争议仲裁委员会申请仲裁，要求确认2016年1月1日至3月31日期间与经纪公司存在劳动关系。同时要求经纪公司支付解除劳动关系经济补偿金2500元。仲裁委员会对其请求不予支持。阿娇诉至法院，被一审法院驳回。

上海一中院经审理认为，认定劳动关系的核心在于劳动者是否受到用人单位的管理约束。从本案中双方签订的"主播经纪协议"的内容来看，双方就开展网络直播活动的权利义务进行了约定，没有订立劳动合同的合意。双方收入按三七开分配，阿娇的工作主要在其家中完成，无须到被告公司的办公场所上班，亦无须遵守公司规章制度。因此，双方之间对权利义务关系的约定不符合劳动关系的特征。

（改编自《网络主播请求与经纪公司确认劳动关系，上海市法院驳回其诉求》，澎湃新闻，2017-02-09）

二、劳动关系的建立

（一）劳动关系建立的标志

建立劳动关系是指劳动者和用人单位按照一定的方式确定劳动关系，相互之间产生权利和义务。劳动关系的建立，表明用人单位录用了劳动者，劳动者实现了就业，是劳动关系运行的起点。

1. 建立劳动关系，应当订立书面劳动合同

书面劳动合同是劳动者同用人单位建立劳动关系的重要依据，是约束

劳动关系的建立

劳动者和用人单位的重要行为准则。用人单位聘用劳动者时,应当如实告知劳动者工作内容、工作条件、工作地点、职业危害、安全生产状况、劳动报酬以及劳动者要求了解的其他情况;用人单位有权了解劳动者与劳动合同直接相关的基本情况,劳动者应当如实说明。

2.自用工之日起,劳动者同用人单位就建立了劳动关系

用人单位与劳动者在用工前订立劳动合同的,劳动关系应当自用工之日起建立。已经建立劳动关系,未同时订立书面劳动合同的,应当自用工之日起1个月内订立书面劳动合同。劳动关系建立的时间应当以用工之日为劳动关系建立的起始日期,而不应当以订立劳动合同的日期为起始日期。

《中华人民共和国劳动合同法》第七条规定:"用人单位自用工之日起即与劳动者建立劳动关系。用人单位应当建立职工名册备查。"职工名册是用人单位管理劳动者的重要文件,制定职工名册是用人单位的法定义务,是劳动行政管理部门依法监督检查的依据。

3.用人单位不得以抵押的形式同劳动者建立劳动关系

用人单位同劳动者建立劳动关系时,不得扣押劳动者的居民身份证和其他证件,不得要求劳动者提供担保或者以其他名义向劳动者收取财物。这一规定有效地规范了用人单位的行为,防止用人单位随意侵害劳动者的权益。

(二)劳动关系建立的原则

劳动关系建立的原则是指劳动者和用人单位在订立劳动合同的过程中应该遵循的法律法规和行为准则。《中华人民共和国劳动合同法》规定,订立劳动合同,应当遵循合法、公平、平等自愿、协商一致、诚实信用的原则。

1.合法原则

合法原则是指劳动者和用人单位在订立劳动合同的过程中,必须遵守国家法律法规,不得与国家法律法规相抵触。

2.平等自愿原则

平等原则是指订立劳动合同的双方当事人具有相同的法律地位,不存在命令和服从的关系,任何以强迫、胁迫、欺骗等非法手段订立的劳动合同,都属于无效的劳动合同。自愿原则是指劳动合同必须是出自双方当事人的真实意愿,在充分表达各自意见的基础上,经过平等协商达成的协议。

3.协商一致原则

协商一致原则是指订立劳动合同的双方当事人依法就劳动合同的有关事项,采取协商的办法达成一致。只有当劳动者和用人单位就劳动的内容、期限、劳动报酬等达成一致时,劳动合同才有可能成立。

4. 诚实信用原则

诚实信用原则是指劳动者和用人单位在订立劳动合同的过程中，应当如实告知对方当事人与工作有关的内容，不得以隐瞒、欺诈等手段达到订立劳动合同的目的。

（三）劳动关系建立的前提条件

用人单位和劳动者必须具备法定的资格和条件，这是劳动关系建立的前提。

1. 劳动者资格

劳动者资格是指公民建立劳动关系、成为劳动关系主体的必备条件。一般来说，劳动者需要具备法定的劳动权利能力和劳动行为能力。劳动权利能力是指公民能够享有劳动权利和承担劳动义务的资格，是公民成为劳动关系主体必备的条件之一。劳动行为能力是指法律认可的劳动者行使劳动权利和履行劳动义务的能力，是劳动者参与劳动关系的实质性条件。劳动者必须同时具备劳动权利能力和劳动行为能力，两者缺一不可。

2. 用人单位资格

用人单位资格是指用人单位聘用劳动者所必须具备的法定前提条件。一般来说，用人单位资格分为用人权利能力和用人行为能力。用人权利能力是指用人单位依法享有用人权利和承担用人义务的资格。用人行为能力是指用人单位能够以自己的行为行使用人权利和履行用人义务的能力。用人单位必须同时具有用人权利能力和用人行为能力，两者缺一不可。

■ 拓展阅读

劳动者求职简历造假 企业可解除劳动合同

罗某凭借虚构的学历与工作经历，通过某信息技术公司的考核，于2016年11月入职该公司，试用期为6个月。罗某本人签署的录用条件确认书显示，罗某向公司提供的材料和信息，如学历证书、学位证书、工作经历、教育经历、体检证明材料等不得是虚假的或者有隐瞒。2017年3月，该信息技术公司以罗某试用期表现不符合录用条件为由，与罗某解除劳动合同。

罗某认为，其工作状态良好且符合录用条件，该信息技术公司解除劳动合同的行为属于违法解约，遂申请劳动仲裁。由于罗某对求职过程中的简历造假行为不能作出合理解释，存在学历造假、编造工作经历的事实，仲裁委员会认定该信息技术公司与罗某解除劳动合同合法。

（改编自《劳动者在求职时假造简历，用人单位可以解除劳动合同》，华律网，2021-06-16）

（四）劳动关系建立的方式

劳动者同用人单位建立劳动关系的方式主要有两种。

1. 行政方式

劳动关系建立的行政方式是指劳动者同用人单位按照有关行政机构的指令确定劳动关系。这种劳动关系建立的方式是计划经济条件下普遍采用的方式。随着市场经济体制的建立和劳动用工制度的改革，采取行政方式建立劳动关系已经在许多企业废止，只在一些特定的企事业单位实行。

2. 合同方式

劳动关系建立的合同方式是指劳动者和用人单位通过订立劳动合同确定劳动关系。按照这种方式，用人单位可以通过发布招聘公告或者刊登广告等方式，吸引劳动者到用人单位应聘；用人单位也可以通过劳动力市场同劳动者相互选择，在平等自愿、诚实信用、协商一致的基础上订立劳动合同，确定双方的权利和义务。这种方式是市场经济国家确定劳动关系的基本方式。

单元二　劳动者的基本权益

劳动关系是劳动者与用人单位在实现劳动过程中建立的关系，是基本的、重要的社会关系之一。对于劳动关系中的劳动者依法享有的劳动权益，我国多部法律法规作出了规定。了解劳动者在劳动过程中享有的权益、受到的法律保护以及如何保护自身的合法权益，对于即将步入职场的大学生具有重要的现实意义。

一、我国劳动权益保护相关法律法规

劳动关系是否和谐，事关广大职工和企业的切身利益，事关经济发展与社会和谐。党和国家历来高度重视保护劳动者权益、打造和谐的劳动关系，制定了一系列法律法规和政策措施，在立法、司法和行政等多个领域构建了一套完整的劳动者权益保护体系。

《中华人民共和国宪法》第四十二条规定："中华人民共和国公民有劳动的权利和义务。"我国与劳动相关的重要法律法规还有《中华人民共和国劳动法》《中华人民共和国劳动合同法》《中华人民共和国民法典》等基本法，以及《就业服务与就业管理规定》、各地方政府的工资支付条例、最低工资标准等法规规章。

（一）劳动法

《中华人民共和国劳动法》是我国调整劳动关系以及与劳动关系有密切联系的其他社会关系的法律规范的总和。《中华人民共和国劳动法》涵盖了劳动者的劳动权利和义务、劳动合同和集体合同、工作时间和休息休假、工资、劳动安全卫生、女职工和未成年工特殊保护、职业培训、社会保险和福利、劳动争议、监督检查、法律责任等内容。

（二）劳动合同法

《中华人民共和国劳动合同法》是为了完善劳动合同关系，明确劳动合同双方当事人的权利和义务，保护劳动者的合法权益，构建和发展和谐稳定的劳动关系而制定的法律。《中华人民共和国劳动合同法》自 2008 年实施以来，已经成为我国保护劳动者权益的主要法律依据，在我国劳动关系中起到了主导性作用。

1. 劳动合同的订立

《中华人民共和国劳动合同法》规定，建立劳动关系，应当订立书面劳动合同。用人单位与劳动者可以约定试用期，劳动合同期限为 3 个月以上不满 1 年的，试用期不得超过 1 个月；劳动合同期限为 1 年以上不满 3 年的，试用期不得超过 2 个月；3 年以上固定期限和无固定期限的劳动合同，试用期不得超过 6 个月。

2. 无效劳动合同

下列劳动合同无效或者部分无效：以欺诈、胁迫的手段或者乘人之危，使对方在违背真实意思的情况下订立或者变更劳动合同的；用人单位免除自己的法定责任、排除劳动者权利的；违反法律、行政法规强制性规定的。

3. 劳动合同的内容与条款

《中华人民共和国劳动合同法》第十七条规定，劳动合同应当具备以下条款：用人单位的名称、住所和法定代表人或者主要负责人；劳动者的姓名、住址和居民身份证或者其他有效身份证件号码；劳动合同期限；工作内容和工作地点；工作时间和休息休假；劳动报酬；社会保险；劳动保护、劳动条件和职业危害防护；法律法规规定应当纳入劳动合同的其他事项。

4. 劳动合同的履行、变更、解除

劳动合同的履行是指劳动合同签订后，当事人双方各自履行劳动合同约定的义务，依法主张劳动合同约定的权利。劳动合同的变更是指在劳动合同尚未履行完毕，对合同内容作部分修改的法律行为。劳动合同的解除分为双方协商解除、劳动者单方解除、用人单位单方解除三种。

■ 拓展阅读

不签劳动合同,可要求二倍工资

2018 年 3 月 7 日,大学毕业的小张入职阳光公司,阳光公司仅与小张签订了试用期劳动合同,合同到期之后未再续签。2019 年 2 月 28 日,公司以没有项目为由将小张辞退。小张认为,公司未与其签订劳动合同违反了劳动合同法的相关规定,于是对公司提起仲裁,要求公司支付 2 倍工资差额,共计 139770.11 元。

仲裁委员会经审理,支持小张的仲裁申请。裁决作出后,阳光公司不服,向法院提起诉讼。法院经审理后认为,阳光公司与小张签订的《试用期劳动合同》于 2018 年 6 月 7 日到期后,阳光公司未与小张续签劳动合同,故阳光公司应向小张支付工资差额。

《中华人民共和国劳动合同法》第八十二条规定:"用人单位自用工之日起超过一个月不满一年未与劳动者订立书面劳动合同的,应当向劳动者每月支付二倍的工资。用人单位违反本法规定不与劳动者订立无固定期限劳动合同的,自应当订立无固定期限劳动合同之日起向劳动者每月支付二倍的工资。"

(改编自《人社部最高法联合发布第一批劳动人事争议典型案例(二)》,《劳动报》,2020-08-05)

(三)民法典

民法典主要调整平等主体的自然人、法人和非法人组织之间的人身关系和财产关系。《中华人民共和国民法典》第三编"合同"规定了合同的订立、合同的效力、合同的履行、合同的保全、合同的变更和转让、合同的权利义务终止、违约责任等。第四编"人格权"规定了生命权、身体权和健康权、姓名权和名称权、肖像权、名誉权和荣誉权、隐私权和个人信息保护等内容。

二、劳动者依法享有的劳动权利

我国对劳动者权利的保护以《中华人民共和国劳动法》和《中华人民共和国劳动合同法》为主。此外,《中华人民共和国宪法》《中华人民共和国工会法》《中华人民共和国民法典》等法律法规中都有保护劳动者权利的规定。劳动者的劳动权利主要包括以下几个方面。

(一)平等就业和选择职业的权利

平等就业权是指劳动者平等地获得就业机会的权利,即在就业机会的获得方面,劳动者不因性别、年龄、种族等自然差别而受歧视,在就业机会面

劳动者权利(1)

前一律平等。自主择业权是指劳动者自主选择职业的权利,包括是否从事职业劳动、从事何种职业劳动、何时从事职业劳动、进入哪一个用人单位工作等方面的选择权。

（二）获得劳动报酬的权利

劳动报酬是劳动合同的必备条款。劳动者付出劳动,依照劳动合同及国家有关法律取得报酬,是劳动者的一项重要权利。工资是劳动报酬的基本形式。《中华人民共和国劳动法》规定,工资分配应当遵循按劳分配原则,实行同工同酬;国家实行最低工资保障制度,用人单位支付劳动者的工资不得低于当地最低工资标准;工资应当以货币形式按月支付给劳动者本人,不得克扣或者无故拖欠劳动者的工资。

■ **拓展阅读**

戴某诉某公司追索劳动报酬纠纷案

戴某担任某玻璃公司包装股课长。2015年11月18日,该玻璃公司人员配置调整办法为:课股长根据年度考绩排名,最后10%予以降职处理等。该公司2015年度考绩汇总表显示戴某排名倒数第5名。2016年1月4日该公司通知戴某,职务由课长调整为班长,职务绩效由1500元调整至700元,2月起执行。戴某申请劳动仲裁,要求公司支付工资差额及未足额支付工资而被迫解除劳动合同的经济补偿。

法院认为,用人单位根据工作业绩安排相对更为优秀的劳动者担任具有一定管理性质的职务,既符合用人单位对于保证和提高产品质量的要求,也能较大程度激发劳动者的工作积极性,用人单位依据"末位淘汰制"调整劳动者工作岗位在一定条件下应予支持。故判决对戴某要求某玻璃公司补足工资差额及支付经济补偿的诉请不予支持。

（改编自《戴为军诉台玻长江玻璃有限公司》,《中华人民共和国最高人民法院公报》）

（三）获得休息休假的权利

《中华人民共和国劳动法》不仅明确规定了劳动者的法定工作时间,而且对休息休假制度和用人单位延长工作时间及相应的工资报酬作出了具体规定。

《中华人民共和国劳动法》第三十六条规定,"劳动者每日工作时间不超过八小时,平均每周工作时间不超过四十四小时";第三十八条规定,"用人单位应当保证劳动者每周至少休息一日"。用人单位由于生产经营需要,经与工会和劳动者协商后可以延长工作时间,一般每日不得超过1小时;因特殊原因需要延长工作时间的,在保障劳动者身体健康的条件下延长时间每日不得超过 3 小时,但是每月不得超过 36 小时。

有下列情形之一的,用人单位应当按照下列标准支付高于劳动者正常工作时间工资的工资报酬:①安排劳动者延长工作时间的,支付不低于工资 150% 的工资报酬;②休息日安排劳动者工作又不能安排补休的,支付不低于工资 200% 的工资报酬;③法定休假日安排劳动者工作的,支付不低于工资 300% 的工资报酬。

■ 拓展阅读

因父去世请假 8 天未获批 强行休假被辞退

王某系上海某物业公司保安。该公司规定,员工累计旷工 3 天以上(含三天)视为严重违反公司规章制度和劳动纪律,公司有权解除劳动合同并依法不予支付经济补偿。2020 年 1 月 6 日,因父病重,王某向主管提交请假单后回安徽老家处理家事。因为请假未被批准,王某在第二天赶回上海,回程途中接到了父亲去世的消息。王某再次向主管请假,主管告诉他安心回家,好好料理父亲后事,王某返回安徽老家。1 月 14 日,王某从老家回到上海,并于次日回到公司上班。1 月 31 日,公司以王某累计旷工超过 3 天,严重违反公司规章制度和劳动纪律为由将其辞退。

王某申请劳动仲裁,仲裁委裁决公司支付违法解除劳动合同赔偿金 7.5 万余元。物业公司不服劳动仲裁裁决,诉至法院。青浦区法院审理后认为,用人单位行使管理权应遵循合理、限度和善意的原则。王某因父亲去世请假回老家操办丧事,符合中华民族传统人伦道德和善良风俗,无可厚非,公司应以宽容心、同理心加以对待。王某并未达到公司规章制度规定的可解除劳动合同的条件,公司系违法解除。

(改编自《上海安盛物业有限公司诉王文正劳动合同纠纷案》,《中华人民共和国最高人民法院公报》)

(四)获得劳动安全卫生保护的权利

劳动者权利(2)

《中华人民共和国劳动法》第五十二条规定:"用人单位必须建立、健全劳动安全卫生制度,严格执行国家劳动安全卫生规程和标准,对劳动者进行劳动安全卫生教育,防止劳动过程中出现事故,减少职业危害。"第五十四条规定:"用人单位必须为劳动者提供符合国家规定的劳动安全卫生条件和必要的劳动防护用品,对从事接触职业病危害的作业的劳动者应当定期进行健康检查。"第五十六条规定:"劳动者对用人单位管理人员违章指挥、强令冒险作业,有权拒绝执行;对危害生命安全和身体健康的行为,有权提出批

评、检举和控告。"

（五）接受职业技能培训的权利

《中华人民共和国劳动法》《中华人民共和国职业教育法》规定,公民有依法接受职业教育的权利。国家通过各种途径、采取各种措施发展职业培训事业,开发劳动者的职业技能,提高劳动者素质,增强劳动者的就业能力和工作能力。

（六）享有社会保险和福利的权利

社会保险是社会保障制度的一个重要组成部分。依法享有社会保险也是劳动者的一项基本权利,具体是指劳动者在年老、患病、工伤、失业、生育等情况下,有获得一定物质帮助和补偿的权利。

（七）提请劳动争议处理的权利

劳动争议是劳动者与用人单位之间关于劳动权利和义务而发生的纠纷。劳动争议一旦发生,直接影响劳动者的工作和生活,关系着劳动者的切身利益。

（八）其他权利

劳动者的其他权利包括结社权(参加和组织工会的权利)、集体协商权、民主管理权等。

■ 拓展阅读

某纺织公司诉周某工伤保险待遇纠纷案

周某某系某纺织公司员工,在下班途中与案外人张某某发生交通事故,张某某负事故主要责任,周某某负次要责任。双方经交警部门调解达成协议,由张某某赔偿周某某误工费等相关费用。周某某所受伤害经鉴定为工伤且为十级。2019年4月19日,周某某申请仲裁请求纺织公司支付其停工留薪期工资、一次性伤残就业补助金等费用。仲裁裁决后,纺织公司不服,诉至法院。

法院认为,职工因工作遭受事故伤害需要暂停工作接受工伤医疗的,在停工留薪期间内,原工资福利待遇不变,由所在单位按月支付。停工留薪期工资与误工费系基于不同的法律关系而产生的,伤者可以兼得。法院判决某纺织公司支付周某停工留薪期工资。

（改编自《某纺织公司诉周某某工伤保险待遇纠纷案》,华律网,2023-08-07）

三、劳动风险及防控

（一）劳动风险的内涵

劳动风险是劳动用工风险的简称,是指用人单位和劳动者之间因为用工关系的存在,而在劳动关系存续期间各个环节可能产生的用工风险的总称。劳动风险从招聘、入职、试用、劳动合同履行、变更、解除、终止到离职的各个环节都存在,必须进行事先防范和过程控制。

(二)大学生就业常见的劳动风险

大学生就业存在一定的风险,如试用期陷阱,即用人单位为了降低用工成本混淆试用期和实习期,导致毕业生一直被试用。此外,还有合同陷阱,押金、保证金陷阱,虚假招聘,等等。大学生要提高警惕,加强对劳动政策和法律法规的学习,依法保护自己的劳动权益。

1. 入职常见的法律风险

(1)试用期不规范:试用期期限不符合劳动合同法规定;试用期内没有依法购买社会保险;只签订"试用期合同",没有签订劳动合同;约定两次试用期;试用期内不签订书面劳动合同;等等。

(2)劳动合同签订不规范:最常见的情况是没有及时签订书面劳动合同。口头约定极易引起争议,毕业生就业时一定要签订规范的劳动合同。

2. 合同履行常见的法律风险

劳动合同依法订立即具有法律约束力,在合同履行环节要注意防范变更风险和履行风险。

3. 离职常见的法律风险

劳动合同终止、解除阶段是劳动争议高发阶段,劳动者要了解离职期间的相关法律规定,降低离职风险。

四、劳动争议的解决途径

劳动争议一般也叫作劳动纠纷,是指劳动关系的当事人之间因执行劳动法律法规和履行劳动合同而发生的纠纷,即劳动者与用人单位之间因劳动关系中的权利义务而发生的纠纷。《中华人民共和国劳动法》确立了处理劳动争议的基本原则,包括:调解原则;及时处理原则;以事实为依据,以法律为准绳的原则;当事人在适用法律上一律平等的原则。

解决劳动争议的方式主要有以下四种。

(一)协商

协商是指劳动者与用人单位就争议的问题直接进行协商,寻找解决纠纷的具体方案。劳动者与用人单位通过协商解决争议,有利于促进问题的快速解决。协商程序不是处理劳动争议的必经程序,双方可以协商,也可以不协商,完全出于自愿。劳动争议双方协商达成的和解协议具有法律效力。

大学生就业
常见的劳动风险

劳动争议的
解决途径

（二）调解

调解是指劳动纠纷的一方当事人就已经发生的劳动纠纷向劳动争议调解委员会申请调解的程序。在用人单位内，可以设立劳动争议调解委员会负责调解本单位的劳动争议。调解程序也由当事人自愿选择，调解协议不具有强制执行力，如果一方反悔，同样可以向仲裁机构申请仲裁。

（三）仲裁

仲裁是劳动纠纷的一方当事人将纠纷提交给劳动争议仲裁委员会进行处理的程序。我国劳动争议处理实行"一裁两审制"，即先到劳动人事争议仲裁委员会申请仲裁，仲裁裁决可到法院申请执行，不服仲裁裁决可到法院提起民事诉讼。申请劳动仲裁是解决劳动争议的选择程序之一，也是提起诉讼的前置程序。

（四）诉讼

诉讼程序是由不服劳动争议仲裁委员会裁决的一方当事人向人民法院提起诉讼后启动的。诉讼程序具有较强的法律性、程序性，作出的判决也具有强制执行力。

单元三　保障劳动安全

劳动安全是劳动者最基本的权利，是保障劳动者生命健康的前提条件。随着我国经济社会的快速发展，各行各业对劳动安全的要求越来越高，安全生产已成为企业发展和社会稳定的重要基础。作为即将步入职场的大学生，了解劳动安全的基本知识，掌握安全防护技能，对于保障自身安全、促进事业发展具有重要意义。

一、劳动安全内涵

安全是人类生存与发展的最基本要求，是生命与健康的基本保障。劳动安全是指在生产劳动过程中，防止中毒、车祸、触电、塌陷、爆炸、火灾、坠落、机械外伤等危及劳动者人身安全的事故发生。在我国，劳动安全指劳动者享有的在职业劳动中人身安全获得保障、免受职业伤害的权利。

在实际的生产劳动过程中导致产生安全问题的因素有人为因素、环境因素，或者是二者兼有。一般来说，可能发生的安全事故有以下几类：一是在矿井中可能发生的瓦斯爆炸、火灾、水灾等，二是在机械加工过程中可能发生的绞碾、电击伤等,三是在建筑施工过程中可能发生的高空坠落、物体打击等,四是在交通运输中可能发生的车辆伤害事故等,五是在有毒有害作业过程中可能发生的职业病害等。

■ 拓展阅读

安全生产无小事,须臾不可松

安全生产是件大事,可总有人在这个性命攸关的问题上心存侥幸,对身边的风险隐患视而不见。

近日,国务院安委会办公室在陕西暗访抽查了8家粉尘涉爆企业和3家铝加工(深井铸造)企业,发现这些企业在安全生产方面都存在不同程度的问题:有的委托中介弄虚作假,出具虚假风险评估报告;有的未进行自查自改,整改不及时不到位……种种乱象,突出了生产安全的隐患,折射出企业管理的疏忽,给我们敲响了警钟。

患生于所忽,祸起于细微。安全生产怎么强调都不过分,须臾都不可放松。从天津滨海新区爆炸事故,到江苏响水特别重大爆炸事故,从山东栖霞金矿事故,到浙江杭州野生动物园金钱豹出逃事件……一个个深刻惨痛的教训、一场场追悔莫及的悲剧,无不源于日常中对安全生产的漠视。不管是抢工期、赶进度、增效益的利益考量,还是设备检修、作业流程的管理失位,任何一个环节的漫不经心,都可能成为点燃事故的引信。

万无一失,一失万无。道理谁都明白,但"放一放""缓一缓"的心思一直都在,"不会那么倒霉"的侥幸想法也很有市场。应急管理部通报,2020年以来发生的煤矿较大以上事故中,一些企业存在屡次违法违规问题,在监管部门多次执法、督办的情况下仍然敷衍整改,甚至弄虚作假。这既有安全生产理念普及不到位的原因,也是违法违规行为处罚不严厉的结果。把安全生产的风险降到最低,就要把安全防护网扎得更牢、捆得更紧,让企业安全生产不能放松、不敢放松、不会放松。

既要治标,更要治本。针对发现的问题,暗访调查组要求陕西省对照问题对号入座,举一反三,全面查找薄弱环节,补短板堵漏洞,对专项整治工作再研究、再部署、再推进,狠抓各项任务落实。要知道,安全生产不是一句空话,更不是"一阵风"。只有制度化、常态化、持续化的切实举措,才能对存在安全隐患的生产经营单位形成强大震慑,让"不会出事"的侥幸心理、口若悬河的"嘴上功夫"遁于无形。

还要看到,有权必有责,有责要担当,失责必追究。2021年1月,《中央纪委国家监委开展特别重大生产安全责任事故追责问责审查调查工作规定

(试行)》和《关于在特别重大生产安全责任事故追责问责审查调查中加强协作配合的意见(试行)》印发，明确了特别重大生产安全责任事故追责问责审查调查的工作程序和有关要求，倒逼各级行业主管部门、安全监管部门、地方政府、国有企业管理人员层层压实安全生产责任，有助于将安全理念贯穿生产全过程，彻底排查各类安全隐患，切实堵住安全漏洞，做到安全投入到位、安全培训到位、基础管理到位、应急救援到位。

安全生产无小事。从车间到仓库，从操作台到办公桌，每个人都有必要认识到，只有绷紧安全弦、织密责任网，生命安全才能有保障，人民群众才能安心放心，经济发展才能高质高效。

（改编自《人民网评：安全生产无小事，须臾片刻不可松》，人民网，2021-05-21）

二、劳动安全防护

劳动安全防护是指保护劳动者在劳动过程中的安全与健康。我国为保护劳动者在生产过程中的安全和健康制定了各项法律法规，包括对女工和未成年工进行特殊保护的管理制度。用人单位应遵照国家法规制定各项安全技术规程、劳动卫生规程和劳动保护管理制度等。

（一）树立安全意识

劳动者要积极参加相关安全生产教育和培训，提高自我安全防护意识；掌握日常的安全常识、防护知识和事故发生时的应急处理措施等；熟悉个人在安全生产方面的权利和义务，如有权获知工作过程中可能产生的职业危害及后果、防护措施和待遇等；熟悉职业卫生相关法律法规，能够运用法律手段维护自己的合法权益。

（二）履行安全行为

劳动者在生产过程中要严格遵守国家和用人单位的劳动安全卫生规程和标准，以及有关的安全生产规章制度和安全操作规范，熟练掌握本岗位的安全操作技能，避免因无证上岗、违法违规操作等不当行为酿成危及生命和财产的安全事故。在劳动过程中切实做到不让自己和他人受伤害或被伤害。

■ 拓展阅读

山西太原冰雕馆火灾事故警示

2020年10月1日13时许，山西省太原市迎泽区小山沟村台骀山景区冰雕馆发生一起重大火灾事故，造成13人死亡、15人受伤。事故发生的原因是,当日景区 10 千伏供电系统故障维修结束恢复供电后,景区电工在将自备发电机供电切换至市电供电时,进行了违章带负荷快速拉、合隔离开关操作,在照明线路上形成的冲击过电压击穿装饰灯具的电子元件造成短路。

除了电工的违章操作,企业方面也存在很大的问题:一是企业无视国家法律法规和政策规定,在未取得有关部门行政审批手续的情况下,长期进行违法占地、违法建设等活动;二是企业在游乐场馆建设中没有使用正规的设计、施工、监理、验收单位进行建设;三是企业违规在人员密集场所使用聚氨酯泡沫塑料、聚苯乙烯泡沫塑料等易燃保温材料;四是企业负责人安全意识淡薄,未建立安全生产管理机构。

(改编自《山西太原台骀山游乐园冰雕馆"10·1"重大火灾事故调查报告公布》,央广网,2021-09-16)

(三)掌握安全技能

1.掌握必要的安全常识

掌握必要的安全常识主要指学会识别安全色与安全标志。安全色一般按照常识可分为红、蓝、黄、绿四种。红色表示禁止、停止或防火,蓝色表示指令或必须遵守,黄色表示警告和注意,绿色表示安全状态或可以通行。根据安全色的颜色分类,安全标志也依次分为红色的禁止标志、蓝色的指令标志、黄色的警告标志和绿色的提示标志四种,一般会放在醒目位置,用于安全提醒。

2.学会正确使用安全防护用品

安全防护用品是指为防止一种或多种有害因素对自身造成直接危害所穿用或佩戴的各种器具。学会正确使用劳动防护用品可以保证劳动者避免生产过程中的直接危害,是预防职业病危害的最主要的防护措施。常见的安全防护用品有安全帽、防护服、防护手套、防护眼镜、防毒面具等。

3.学会常用的应急技巧

劳动过程中常见的事故有火灾事故、触电事故、物体打击、车辆伤害、机械伤害、中毒和窒息事故等。为应对突发的紧急事故,劳动者应积极参加用人单位组织的应急培训和应急预案演练,熟练掌握火灾、触电、中毒和窒息等多发事故的应对方法。

(1)火灾事故应急。火灾中对人体危害最大的是烟和各种燃烧物中的有毒成分。火灾发生时要及时向他人呼救,并拨打火警电话119。火灾初期应尽早采取灭火措施,防止火势蔓延。

(2)触电事故应急。触电后能否获救取决于能否迅速脱离电源。发生触电事故时,应立即关闭电源。无法关闭电源时,应使用木制物体或绝缘工具切断电源。

（3）伤口处理应急。伤口处理主要在于快速止血，包括直接压迫法、间接压迫法、填塞止血法、抬高伤处法、止血带止血法、冷敷法等。

（4）紧急救护应急。对于因急性心肌梗死、严重创伤、电击伤、挤压伤、中毒、溺水等而引起的呼吸心搏骤停者，需立即采取行之有效的急救措施，包括人工呼吸、胸外心脏按压、心肺复苏等。

三、建立安全预案，确保劳动安全

（一）火灾和爆炸安全预案

根据当前的科学技术条件，一般可采取下列五项措施预防火灾和爆炸。

（1）开展防火教育，提高群众对防火意义的认识，建立健全群众性义务消防组织和防火安全制度。

（2）认真执行建筑防火设计规范，厂房和库房必须符合防火等级要求。

（3）合理设计生产工艺，根据产品原材料的火灾危险性质，安排、选用符合安全要求的设备和工艺流程。

（4）易燃、易爆物质的生产，应在密闭设备中进行，对于特别危险的作业，可充装惰性气体或其他保护介质。

（5）从技术上采取安全措施，消除火源。

（二）学生意外伤害安全预案

1. 伤害事故的预防办法

加强对学生进行行为安全教育和劳动纪律教育，增强学生的自我保护意识；加强对教师的责任意识和法治意识教育；加强对基地设施、劳动用具的安全检查，发现隐患立即排除。

2. 伤害事故的处理程序

一旦学生发生意外伤害事故，根据现有条件和能力及时进行救护，需送医院的立即指派人员将受伤学生送至医院进行救治。在救护的过程中及时通知受伤害学生的父母或其他监护人。

（三）学生集体活动安全预案

1. 活动前的准备工作

制订活动方案，认真做好各项安排和应急预案；对活动场地进行实地踏勘；召开带班教师会，落实安全教育措施；配备常用卫生药品；与交警联系，取得支持，确保交通安全。

2. 活动前的安全教育工作

对带队教师和学生进行全面的安全教育，强调组织纪律性，加强安全意识。

建立安全预案，确保劳动安全(1)

建立安全预案，确保劳动安全(2)

3. 突发事件的应急措施

活动中出现突发事件时,保卫人员迅速赶到现场控制局面;带班人员立即按照程序向领导报告;根据事态严重程度,边处置情况边向有关领导汇报;如有人员受伤,立即送往就近医院进行治疗。

四、重视劳动保护

(一)劳动保护的概念

劳动保护是国家和单位为保护劳动者在劳动生产过程中的安全和健康所采取的立法、组织和技术措施的总称。劳动保护是指根据国家法律法规,依靠技术进步和科学管理,采取组织措施和技术措施,消除危及人身安全与健康的不良条件和行为,防止事故和职业病的发生,以保护劳动者在劳动过程中的安全与健康。

重视劳动保护

(二)劳动保护的意义

保护劳动者在生产劳动过程中的安全与健康,是坚持社会主义制度的本质要求,是发展生产、促进经济建设的一项根本性大事,是社会主义物质文明和精神文明建设的一项重要内容。

劳动保护对社会有十分重要的作用,它是促进国民经济发展的重要条件。生命是最宝贵的,在生产过程中,劳动保护可以为劳动者创造一个安全、卫生、舒适的工作环境,消除和预防劳动生产过程中可能发生的伤亡、职业病和急性职业中毒,保障劳动者的安全与健康,促进劳动生产率的提高,保证生产建设顺利进行。

(三)职业病防治

职业病是指劳动者在职业活动中,因接触粉尘、放射性物质和其他有毒、有害物质等而发生的疾病。各国法律都有对职业病预防的规定,一般来说,只有符合法律规定的疾病才能称为职业病。

1. 职业病种类

2024 年 12 月 11 日发布的《职业病分类和目录》将职业病分为 12 个大类,共计 135 种,包括职业性尘肺病及其他呼吸系统疾病、职业性皮肤病、职业性眼病、职业性耳鼻喉口腔疾病、职业性化学中毒、物理因素所致职业病、职业性放射性疾病、职业性传染病、职业性肿瘤、职业性骨骼疾病、职业性精神和行为障碍、其他职业病等。

2. 职业病的防治方法

劳动者在生产劳动中应提高自我保护意识,加强自我防护。具体应做

好以下几方面工作：参加就业前的职业卫生知识培训，正确使用劳动防护用品并做好自我防护，定期进行健康检查。

（四）女性劳动保护

随着我国参加社会生产劳动的女性逐渐增多，女性劳动者已成为社会主义建设不可缺少的力量。为保护女职工的合法权益和身体健康，减少和解决女职工在劳动中因生理特点而遇到的特殊困难，我国对女职工实行特殊劳动保护制度。

根据《女职工劳动保护特别规定》的要求，女职工的劳动保护主要包括：女职工禁忌从事的劳动范围，女职工在经期禁忌从事的劳动范围，女职工在孕期禁忌从事的劳动范围，女职工在哺乳期禁忌从事的劳动范围，等等。

（五）心理健康防护

从劳动心理学角度分析，劳动者心理健康问题是不同方面的压力源共同作用造成的，既有客观环境造成的压力，也有主体认知失调、情绪障碍等主观因素，概括起来主要有职业压力、社会压力、个体压力和人际关系四个方面。心理健康防护的主要手段如下。

1. 积极参加单位组织的心理培训

企事业单位都十分重视对劳动者进行心理健康指导，经常会组织一些心理讲座和心理拓展活动，来增强劳动者的心理抗压性和适应性。劳动者要积极参加单位组织的心理健康培训，以提高自身的岗位适应能力和心理健康水平。

2. 做好自我心理调节疏导

在平时的工作中，要注意劳逸结合，合理安排好工作和休息。在遇到心理健康问题时，不要将负面情绪放大，应正面接受问题，同时寻找一些宣泄渠道，如向朋友或家人倾诉，表达自己真实的情感。

思考训练

一、选择题

1. 根据《中华人民共和国劳动合同法》规定，劳动合同期限为一年以上不满三年的，试用期不得超过（　　　）。

    A. 一个月　　　　B. 二个月　　　　C. 三个月　　　　D. 六个月

2. 劳动关系建立的时间应当以（　　　）为起始日期。

    A. 订立劳动合同的日期　　　　B. 用工之日

    C. 工商注册的日期　　　　D. 签署入职通知书的日期

女职工劳动保护(1)

女职工劳动保护(2)

3.用人单位自用工之日起超过一个月不满一年未与劳动者订立书面劳动合同的,应当向劳动者支付( )的工资。

    A.正常标准   B.1.5倍   C.2倍   D.3倍

4.安全色中,黄色表示( )。

    A.禁止、停止或防火   B.指令或必须遵守

    C.警告和注意   D.安全状态或可以通行

5.我国现行法律规定,劳动者每日工作时间不超过( )小时,平均每周工作时间不超过( )小时。

    A.8,40   B.8,44

    C.10,44   D.8,48

二、判断题

1.劳动关系的建立必须以签订书面劳动合同为前提条件。   ( )

2.用人单位可以扣押劳动者的居民身份证作为建立劳动关系的担保。

                                              ( )

3.网络主播与经纪公司签订"主播经纪协议"就一定构成劳动关系。

                                            ( )

4.劳动争议仲裁是解决劳动争议的必经程序,也是提起诉讼的前置程序。

                                            ( )

5.职业病是指劳动者在职业活动中因接触有害因素而引起的所有疾病。

                                            ( )

三、简答题

1.简述劳动关系的构成要素。

2.劳动者在劳动过程中享有哪些基本权利?

3.简述解决劳动争议的四种主要方式及其特点。

4.大学生在求职就业过程中常见的劳动风险有哪些?应如何防范?

5.简述劳动安全防护的主要内容和要求。

◢ 主题实践

劳动安全无小事

    生命安全面前没有小事,"保命钱"不能省。无论是在什么环境下作业,劳动者的安全防护都应该到位、有效。我们在为各行各业的劳动者点赞的同时,更应该聚焦为他们解决实际困难、维护他们的合法权益等实际行动。

主题实践一　劳动法律法规学习活动

1.活动主题

学习劳动法律法规,提高权益保护意识,做知法懂法守法的新时代大学生。

2.活动目标

知识目标:深入了解劳动法律法规的基本内容,掌握劳动者的基本权益。

能力目标:培养运用法律知识分析和解决实际问题的能力。

态度目标:增强法治意识和权利义务观念,树立依法维权的理念。

3.实施步骤

(1)校内劳动法律知识学习:组织学习《中华人民共和国劳动法》《中华人民共和国劳动合同法》等法律法规,开展劳动法律知识竞赛。

(2)校外法律服务体验:参观劳动争议仲裁委员会、法院等机构,了解劳动争议处理流程。

(3)公益法律宣传服务:深入社区、企业开展劳动法律法规宣传活动,为劳动者提供法律咨询服务。

4.活动评价

完成本主题实践活动之后,以小组会议的形式进行总结与思考。可以小组为单位撰写学习总结,提交 PPT 演示文稿,并推选代表在总评会上讲解,小组之间相互进行点评,最后由教师进行总结评价。

(1)技能考核评价。

技能考核评价表

班级		姓名	
学号		小组成员	
实践项目			
实践流程			
结果分析			

续上表

自我评价	优秀□　合格□　不合格□
教师评价	优秀□　合格□　不合格□ 教师签名：　　年　月　日

（2）学习过程评价。

学习过程评价表

序号	考核内容	配分(分)	评分标准	自评(分)	互评(分)	师评(分)
1	小组准备	10	小组分工明确,能够对学习任务内容及实施步骤进行精心准备			
2	知识运用	30	能够熟练、准确地运用所学知识完成主题实践			
3	成果展示与任务报告	20	成果展示内容充实、语言规范,主题实践活动报告结构完整、观点正确			
4	学习态度与课堂纪律	15	学习积极主动、态度认真,遵守教学秩序			
5	自主学习与动手能力	10	具有自学意识与较强的动手能力			
6	团队配合	15	具有团队意识,分工明确,问题得到解决,团队纪律良好			
总分统计		100				

注:综合得分 = 自评×30% + 互评×30% + 师评×40%。

主题实践二　安全防护技能训练活动

1.活动主题

掌握安全防护技能,提高应急处理能力,确保劳动过程中的人身安全。

2.活动目标

知识目标:了解常见的安全事故类型和防护措施,掌握应急救援基本知识。

能力目标：学会正确使用安全防护用品，掌握基本的急救技能。

态度目标：树立"安全第一"的理念，养成安全文明的劳动习惯。

3. 实施步骤

（1）校内安全知识培训：学习安全标志、防护用品使用、应急处理等知识，参加消防演练。

（2）校外安全实训体验：参观安全教育基地、应急救援中心，体验安全防护设备使用。

（3）公益安全宣传服务：开展校园安全检查，参与社区安全宣传，担任安全志愿者。

4. 活动评价

完成本主题实践活动之后，以小组会议的形式进行总结与思考。可以小组为单位撰写学习总结，提交 PPT 演示文稿，并推选代表在总评会上讲解，小组之间相互进行点评，最后由教师进行总结评价。

（1）技能考核评价。

技能考核评价表

班级		姓名	
学号		小组成员	
实践项目			
实践流程			
结果分析			
自我评价		优秀□　合格□　不合格□	
教师评价		优秀□　合格□　不合格□ 教师签名：　　　年　月　日	

（2）学习过程评价。

学习过程评价表

序号	考核内容	配分（分）	评分标准	自评（分）	互评（分）	师评（分）
1	小组准备	10	小组分工明确，能够对学习任务内容及实施步骤进行精心准备			

续上表

序号	考核内容	配分(分)	评分标准	自评(分)	互评(分)	师评(分)
2	知识运用	30	能够熟练、准确地运用所学知识完成主题实践			
3	成果展示与任务报告	20	成果展示内容充实、语言规范,主题实践活动报告结构完整、观点正确			
4	学习态度与课堂纪律	15	学习积极主动、态度认真,遵守教学秩序			
5	自主学习与动手能力	10	具有自学意识与较强的动手能力			
6	团队配合	15	具有团队意识,分工明确,问题得到解决,团队纪律良好			
总分统计		100				

注:综合得分 = 自评×30% + 互评×30% + 师评×40%。

模块六

未来劳动

模块导学

随着新一轮科技革命和产业变革的深入推进,人工智能、大数据、云计算、物联网等新兴技术正在深刻改变着劳动的内涵和形式。未来劳动将呈现出数字化、智能化、网络化的特征,劳动对象逐步无形化,劳动工具日益智能化,劳动模式更加灵活多样,劳动场域实现虚实融合。

面对智能革命带来的机遇与挑战,大学生需要深刻理解未来劳动的发展趋势,准确把握劳动要素、劳动模式、劳动过程和劳动场域的新变化,积极培养适应智能时代要求的劳动素质和能力。通过学习本模块,大学生应树立正确的劳动价值观,提升数字素养,培养创新精神,建立"智能＋技能"的知识体系,成为能够适应未来发展需要的高素质劳动者。

思维导图

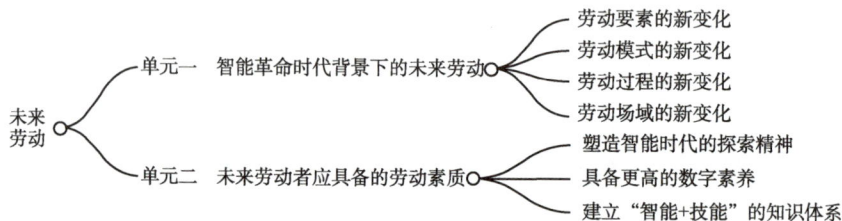

学习目标

知识目标

1.了解未来劳动的基本特征和发展趋势,理解劳动要素、劳动模式、劳动过程和劳动场域的新变化。

2.掌握智能时代劳动者应具备的基本素质和能力要求,明确数字素养的内涵和重要性。

3.理解"智能＋技能"知识体系的构建路径,认识未来劳动科学知识的重要作用。

能力目标

1.能够运用所学知识分析智能技术对劳动发展的影响,预判未来劳动发展趋势。

2.具备基本的数字工具运用能力和数字媒介沟通能力,能够适应数字化工作环境。

3.培养创新性思维和科学解决问题的能力,具备从事创造性劳动的基本素质。

素质目标

1. 树立适应智能时代发展的劳动观念，培养积极拥抱技术变革的开放心态。

2. 增强探索精神和创新意识，培养终身学习的理念和自我发展的能力。

3. 提升数字素养和职业适应能力，为成为高素质的未来劳动者奠定基础。

案例导读

百度智能交通引擎 4.0：大模型驱动的智能交通变革

进入人工智能新时代，各行各业迎来发展拐点。在智能交通领域，机遇与挑战并存，新技术的应用正在深刻改变着传统的交通运营和管理模式。

2020 年，百度发布智能交通引擎 1.0，确立了"车路云图"的智能交通基础能力框架；2021 年，智能交通引擎 2.0 推动交通要素的全面连接，形成了智能网联、智慧交管、智慧高速、智慧停车等细分场景解决方案；2023 年，在大模型技术突破的背景下，百度成为首个在公路和交管场景探索大模型应用落地的企业，基于大模型技术重构了智能交通引擎 3.0。

2024 年，百度智能交通引擎 4.0 正式发布，标志着智能交通进入大模型驱动的新阶段。该引擎通过河北京雄高速、北京亦庄、贵州贵阳、河北石家庄等项目的实践应用，验证了大模型技术在交通领域的巨大潜力。

百度智能交通引擎 4.0 解决了四个关键问题，实现了四大能力提升。首先是算力问题，依托百舸人工智能异构算力平台实现图形处理器（GPU）集群效率优化；其次是统一平台问题，千帆大模型平台提供近 80 款大模型服务，覆盖应用开发全生命周期；再次是通用大模型与行业大模型的结合路径，构建了交通大语言模型、交通视觉大模型等专业组件；最后是大模型快速落地问题，推出多种组件降低应用门槛。

四大能力提升包括：感知能力提升，基于大模型增强对机动车、行人、非机动车等要素的识别准确性；研判能力增强，提升道路隐患识别和分析能力；优化能力升级，进一步改善智能信控的路况研判效率；服务能力升级，实现大模型驱动的智能问答服务。

目前，百度道路隐患人工智能巡检平台可支持 68 类隐患识别，信控优化软件服务平台（SaaS）实现了不依赖传感器数据、不依赖信号机对接、不依赖人工经验的"三不依赖"创新模式。这些技术创新正在重新定义交通行业的劳动形态和工作方式。

截至目前，百度智能交通已联合全国 180 余家合作伙伴，为 200 余座城市提供智能交通产品与服务,形成了产业协同发展的良好生态。

(改编自《智能交通4.0:新升级释放四大信号》,百度智能云,2024-10-18)

💡 **引导问题**

1.百度智能交通引擎4.0的发展历程体现了未来劳动的哪些演进特征?

2.大模型技术在交通领域的应用如何改变了传统的劳动模式和工作流程?

3."三不依赖"的信控优化服务模式反映了怎样的劳动要素变化?

4.面对人工智能技术的快速发展,交通行业从业者应具备哪些新的劳动素质?

单元一　智能革命时代背景下的未来劳动

未来劳动是基于新一代信息技术发展的智能劳动。随着人工智能、大数据、云计算等技术的快速发展,劳动的要素、模式、过程和场域都将发生深刻变化。人类的智慧将与未来科技进一步结合,劳动效率将大幅提高,劳动强度将不断降低,人们将在科技的帮助下更加自由、高效地工作。

一、劳动要素的新变化

劳动要素的新变化

基于劳动的普遍性原理,生产要素的基本构成主要包括劳动者、劳动工具、劳动对象这三个重要部分。劳动过程中的生产要素作为不断演进的历史概念,其性质和构成随着生产力的发展而变得更加精细、更加多元化。

(一)劳动对象无形化

在人工智能还没有出现的时期,劳动对象通常只是纯粹的自然物质,都是真正存在的实体对象。随着人类不断深化对世界的认识和改造实践,原有的自然劳动资源已经不能满足日益增长的生产需求,人们开始逐步探索新的劳动对象,希望通过这种方式来拓展活动边界和提升工作效能。

随着实践领域的不断拓展,劳动对象的范围已经从传统的"自然物"延伸到了"人造物",其中包含信息、数据和知识这些新型的虚拟物质资源。这一转变不仅标志着无形劳动对象开始兴起,更是对传统物质资料劳动对象概念的一次重大拓展,深刻反映了现代社会劳动结构和内涵正在发生变革。

基于海量数据资源的人工智能劳动的价值创造对象就是大数据,这一现象突出了数据在智能时代的重要地位和价值转化能力。人类持续不断地

生成海量数据信息,这一过程实际上构成了一个动态的数据生产链,数据的收集、整理和分析环节共同作用,将原始信息转化为可供智能劳动创造价值的新型劳动对象。这一转变不仅揭示了数据作为关键资源在现代经济体系中的重要地位,也意味着信息收集和数据处理过程已经演变为一种高度专业化且持续增值的劳动形态。通过细致的加工和分析,数据被有效利用,从而为智能系统的决策和创新提供源源不断的动力,进一步推动社会生产力的发展。

(二)劳动工具智能化

智能化劳动工具的首要特征在于其自主能力的显著增强。人工智能的重要功能之一就是其将人类智能转化成高效自动化的劳动工具,这构成了现代技术发展中的关键驱动力。这类自动化劳动工具不需要人工直接操控或引导,能够根据设定的任务目标和限制条件来自主执行工作流程,从而在很大程度上拓展了人类的认知边界,延伸了人类的身体机能,使生产过程的自动化成为可能,显著提升了劳动效率和生产力水平。

劳动工具的适应性也显著提升了,这一进步标志着技术应用和人类需求之间融合的深化。劳动工具适应性这一概念揭示了劳动工具在面对劳动过程中多变因素时,通过自主调节和整合机制来实现与劳动者、劳动资料、产出物以及市场消费偏好之间有效匹配的能力。其重点在于,劳动工具能够根据上述要素的多样性需求,表现出高度的灵活性、广泛的适用性以及复杂功能的集成性,以此增强其实用效能和响应市场的敏捷度。

在智能化制造流程中,人工智能技术已经很成熟,能够自主生成、传输和即时反馈生产数据,进而实现信息流通的无缝对接和即时响应,构筑起一个具备高度适应性和灵活性的柔性生产体系。随着科技演进和市场环境变迁,现代劳动工具的适应性显著增强,这个特征成为其智能化发展的一个显著标志。

(三)劳动主体自由化

作为劳动过程中的重要驱动力量,劳动者通过其能动性和创造性显著提升了生产效率和质量。随着人工智能技术的广泛应用,这一领域正在经历深刻变革,劳动者不仅能够实现工作流程的优化和自动化,还得到了宝贵的自由时间,这标志着劳动关系和职业发展模式正在迈向一个更为灵活和高效的新时代。在人类文明演进的历史长河中,机器一直扮演着革新自然利用方式和减轻人力负担的关键角色,并作为推动工业化进程和提高生产力的重要工具,其效能的提升必然会促成必要劳动时间的缩减。

人工智能技术的应用，既体现了人类长期积累的智慧结晶，也成为实现劳动效率提升的关键手段。人工智能技术在生产领域的应用突破了人类劳动在时空维度上的局限，不仅在很大程度上提升了生产效率，还有效缩短了必需的劳动时间，展现出其在自动化和智能化变革中的重要价值。随着人工智能技术在大规模工业生产领域的广泛集成应用，机器替代人工操作显著提升了生产流程的连续性和效率，使得生产线能够实现无限扩展，进而大幅缩短了产品产出周期。这一变革直接促进了劳动生产力的显著提升，劳动者得以在单位时间内完成更多工作，从而间接提高了延长他们拥有的自主支配时间的可能性。

人工智能技术的应用还显著提高了对劳动者技能水平的需求。在当今的智能化生产线背景下，人类劳动力的数量显著缩减，但是人类和智能技术间的协作关系依旧不可缺少。在这种情况下，劳动者需要通过持续教育和培训来增强其个人技能，获得包括生产工具操作、生产工艺流程以及劳动内容创新等方面的专业知识，培养敏锐的创造性思维能力，以此适应新兴生产力的进化和升级。

二、劳动模式的新变化

（一）"云端 + 劳动"

所谓云端，就是指云服务。云服务的运用极大地转变了信息技术的发展方式。借助由云服务商提供的超级服务器，人们将智能设备与云端互联互通，让不同地域的人共享、聚合劳动成果。

随着办公自动化在企业和学校的广泛应用，人们已经逐渐习惯在网络上进行实时消息的发送、材料的上传和下载以及项目流程的审批和签报。目前，上班打卡办公用到的钉钉、在线教育用到的腾讯课堂、召开视频会议使用的 ZOOM，都运用了云服务。正是因为云服务的支持，人们才能够迅速改变工作方式，提升线上办公、协作的效率。

未来，云服务相关技术的迭代升级将进一步提升其服务质量。届时，"云端 + 劳动"将成为人们从事生产服务活动最常态化的模式。

■ 拓展阅读

智慧城市规划云服务平台建设

武进启动智慧城市规划云服务平台，从各类数据结合云服务的方式，为城市规划设计提供数据支撑，此项工作全市首创、全省领先。该项目属于市规划局武进分局重点打造的"基础数据提升工程"，结合武进区"智慧城市"

（劳动模式的新变化）

建设要求,以完善武进区空间数据综合体系、扩充规划数据信息化应用为目标,通过计算机、网络技术和信息化手段,将各类规划设计、测绘、成果管理等数据信息进行空间和信息关联,为涉及规划和管理需求的部门提供数据服务和功能支撑,可有效提升资源的综合利用和城市管理效能。

智慧城市规划云服务平台是大数据集成系统,主要包含规划管理、规划设计所需要的所有数据,即各类建筑物、道路、河流、地面高程、地表起伏状态、地面沉降、地下建筑、地下管线等。该平台既有地表数据,又有地下数据,数据十分详细。

目前地面数据基本都纳入平台,地下数据还在完善中。下一步平台将推广应用,不断扩展,所有城建口相关的部门、行业单位如有需求都可以共享数据资源。

(改编自《江苏武进启动智慧城市规划云服务平台》,中国江苏网,2015-04-09)

(二)"数据+劳动"

自 20 世纪 90 年代以来,科技发展引发了全球范围内的数字技术革命。随着电子计算机的普及,人们获取信息的手段越来越丰富,以手机、平板、电视为代表的新一代智能设备带来了海量的数据。

数据作为事实或观察的量化表现,是通过归纳客观事物而得到的原始信息集合,用来描绘没有经过任何加工处理的基本状态。广泛存在的数据资源能够准确重构个体的真实需求模式和日常活动路径,同时能够预见人们的未来偏好和行为倾向,所以有效地收集这些海量数据,合理地处理这些信息,严格地保护相关内容,对推动经济社会的长远发展来说很重要,具有深远的战略意义。2020 年 4 月,中共中央、国务院发布《关于构建更加完善的要素市场化配置体制机制的意见》,将"数据"与土地、劳动力、资本、技术并列作为新的生产要素,并提出"加快培育数据要素市场"。

充分利用好数据,将是未来劳动者提高劳动效率、创造更多价值的重要手段。近几年,"数据+劳动"的模式已经在快递行业初见端倪。以外卖送餐为例,外卖骑手根据外卖平台提供的数据在指定地点取餐,然后按照卫星地图中的用户地址通过规定路线送餐。在这一过程中,外卖平台的作用就是将数据转化为生产力,让骑手能够准确把握取送餐时间和最优的送餐路线,以此避免投递超时造成的客户投诉,提升单位时间内外卖骑手的送货量。

目前,"数据+劳动"这一模式已经开始应用于零售、金融、电子商务等多个领域,包括各行业行政效率的提高、行业市场的细分、风险管控能力的加强等多种工作。未来，"数据＋劳动"必将为提高企业效率提供更大的创新空间。

（三）"智能＋劳动"

智能化特征体现为事物通过计算机网络和大数据分析的支持，结合物联网连接和人工智能算法，具备了满足人类多样化需求的能力。例如，无人驾驶汽车作为一个智能技术集成的典型例子，把传感器物联网和移动互联网结合起来，还加入了大数据分析等先进技术，目的是适应人类的交通出行，同时有效满足这些需求。目前，各行各业都有了不同程度的智能化发展趋势。以农业为例，智能农业机器人的诞生大幅提高了农业生产力水平。澳大利亚工程信息技术学院和悉尼大学联合在2017年推出了农业耕作机器人，这种机器人可以完全自主工作，4个轮子可以实现360度旋转，具备卫星定位远程操控功能，每天可以利用太阳能自动充电，可以24小时不间断作业，一个机器人可以管理30亩地。同时，这种机器人拥有高速摄像头和遥感器，能够对每一株农作物进行精准拍照识别，对于害虫杂草，它的智能喷头可以精准地喷洒农药，消灭害虫，铲除杂草。

"智能＋劳动"是指人和智能机器人形成某种程度上的人机协作。也就是说，由机器人从事精度与重复性高的作业流程，而工人在其辅助下进行创意性工作，充分发挥机器人的效率和人类智能的双重优势。

机器的优势在于速度、准确性、重复性、预测能力和可扩展性，但机器只能执行预先编好的程序代码，只能实施具有规律性的行为动作，导致其运行流程具有标准化的特质。相比之下，人类的优势在于创造力、灵活性、评判力、即兴创作以及社交和领导能力。

因此，"智能＋劳动"不是让机器完全替代人类做所有的工作，而是充分发挥机器与人各自的特点，用机器运行时间替代人类的劳动时间——尤其是重复性、机械式的劳动时间，减少劳动者从事体力劳动所花费的精力，大幅增加个体可支配的闲暇时间，让人们有更多时间和精力充分发挥创造力、想象力和控制力，让人更像"人"，而不是像机器一样工作。

三、劳动过程的新变化

（一）劳动过程数字化

现代科技与实际生产流程的深度结合表现为数字化物料载体和抽象化技术知识的共存状态，这种结合让操作者可以运用无形的技术智慧去控制数字化物料，使他们成为传播高级科技信息和操作高科技生产设备的关键力量,大幅提升了他们认识世界和改变世界的能力。

科技的不断进步深刻推动了生产方式的基础性改变,使传统生产流程快速向数字化时代发展。在以往的制造业领域中,工人需要操作半自动化或全自动化的机械设备,使自己的体力和脑力直接作用于原材料,通过这种方式来实现物质产品的制造过程。在人工智能技术发展的当下,智能化生产设备和生产资料得到了大范围使用,生产流程在自动化和智能化方面得到显著提高,这样的发展让人和自然之间物质交换的直接性变得更弱。劳动者扮演的角色正在发生深层次的改变,他们更多地需要通过集成了智能化技术的生产设备来间接控制生产流程,这种改变让传统生产劳动模式快速朝着数字化和自动化的方向发展。

服务行业的劳动流程也越来越明显地表现出数字化特点。以往服务行业的工作模式重点在于服务提供者运用自己的智力和体力来直接满足消费者的个性化需求,这个过程大多通过实体接触来完成,明显受到时间和空间因素的限制。智能技术普遍应用之后,服务行业开始逐步改变,利用数字化平台把传统的实体接触服务改变为线上服务模式,这种改变明显提高了服务效率和方便程度,与过去的人际交流服务流程相比,展现出更强的操作效果和更好的用户体验。

(二)劳动场景无人化

科技发展对人类劳动的影响主要体现为通过促进生产力进步和提高生产效率,显著减少了完成等量工作所需的人力投入。历史上每当生产力出现显著提升时,往往伴随着特定行业劳动力需求量的缩减现象。进入工业革命时代,随着机械化生产技术的广泛采用,农业劳动者和手工业者逐渐转向工业生产环境,这一转变导致第一产业的劳动力数量显著下降,而产业工人群体则成为主导社会劳动的主要力量。随着自动化水平的提升,工业生产流程对劳动力的需求呈现出持续下降的趋势。

随着人工智能和其他尖端技术的广泛应用,生产自动化水平显著提高,智能机器正逐步取代人类劳工,在生产全领域发挥着日益重要的作用。一方面,劳动力的角色正在经历根本性的转变,从前线工人的身份转变为生产过程的监督者,传统的成千上万产业工人投身于一线劳动的景象已被无人工厂和无人车间等崭新生产形态所取代,这一模式不仅减少了人类劳动者的直接参与,而且实现了生产效率的显著提升;另一方面,"无人化"浪潮已逐渐渗透到日常生活的各个层面,展现出科技革新对社会结构和生活方式的深远影响。除了无人车间这样超越传统工业场景的应用,无人零售超市和无人集装箱码头,还有无人智能餐厅等新兴应用日益成为现实中的常态,显著拓展了无人技术的应用边界。

相较于工业革命所产生的影响，人工智能驱动的技术替代呈现出全面渗透的特征，不仅触及生产层面，也深入生活领域，使得那些无法由智能机器取代的劳动形态正持续压缩。

四、劳动场域的新变化

数字技术的支持让人工智能在现实空间和虚拟空间之间建立了联系，重新构造了传统劳动的空间维度和时间组织方式。这种变革让劳动场域表现出明显的新特点：一方面，劳动活动在空间维度上实现了虚拟和现实的深层融合，突破了物理限制，让劳动者可以跨越地域限制进行合作和创新；另一方面，时间管理发生了基础性改变，灵活程度明显增强，工作节奏不再受到固定时间框架的约束，而是可以根据任务要求和个人安排进行动态调节。这种转型还大幅提升了劳动的自主性和创新性，给劳动者提供了更加广阔的发展空间和选择机会。

（一）虚拟空间与现实空间融合，消除空间界限

在人类文明发展的历史过程中，劳动活动所在的空间经历了多次明显的变化和重新构造。农业文明时期，随着生活方式从游牧狩猎向定居耕种的改变，围绕村落的土地成为主要的生产和活动空间，让大部分劳动者被固定在相对静止的地域，形成了以土地为基础的社会经济体系。进入工业时代后，以机械化生产为中心的工作方式明显减轻了对气候和水资源等自然环境因素的依赖，引发了大规模农业劳动力向工业领域的流动。这种改变实际上转变了传统农业生产体系的格局，大幅促进了工业化社会的形成和发展。这个时期工厂成为人们进行主要劳动活动的核心场所。

人工智能技术在生产和生活领域的广泛应用不断扩展，一种全新的虚拟劳动空间因此产生，这种空间作为实体物质劳动环境的延伸，已经成为劳动者开展工作活动的第二个重要场所。

劳动力可以利用可穿戴人工智能设备进入虚拟环境开展工作，包括参加虚拟竞技游戏和评价虚拟产品，以及制定虚拟战役和接受虚拟技能培训，还有进行虚拟教育教学和体验虚拟生产过程，等等。这种利用人工智能接入建立的虚拟空间，运用其产生的虚拟工具开展的劳动，对于丰富场景体验和优化产品设计，以及提升教育教学质量和加强军事训练效果等都具有深远的影响和价值。

人工智能软件利用互联网建立了数字化的虚拟劳动环境，通过表现出高度功能性和强大吸引力，让劳动者长时间投入到特定的网络空间中，开展

数字劳动活动,生成庞大的数据资源或数字商品。比如,当前的劳动实践包含了沉浸式电子游戏劳动和基于内嵌算法推荐机制的休闲应用程序中的娱乐或社交劳动,以及运用人工智能软件进行数字作品创作等新型形式,这些都代表了现代劳动范围的拓展和变化。

劳动者的智能化数字劳动空间不是单纯的虚拟环境,而是建立在物理现实空间基础上的复杂综合体。这种空间通过虚拟和实体的交织结合,不仅扩展了传统劳动场域,而且产生了一种全新的高度整合的劳动模式,即劳动者在人工智能推动的虚拟空间内开展劳动活动。这种劳动空间的产生标志着劳动实践从单一物理形态向数字化和智能化方向的深刻转变,体现了技术进步对现代劳动关系和工作环境产生的深远影响。

(二)灵活调整劳动时间,消除时间束缚

大多数传统劳动力的工作时间特点表现为连续性和稳定性,即劳动者需要按照既定时间表开展生产活动,保证工作周期的完整性和一致性。人工智能技术在日常生活和生产领域的广泛渗透和应用让劳动力市场正在经历深刻变革,劳动者的劳动方式和内容因此发生变化。这种转型不仅给个体提供了更大的灵活性(表现在可以自主选择劳动场所的自由度上),还进一步拓展到劳动时间的安排方面(允许基于个人需求和偏好来进行更加个性化的时间管理)。这种变化不仅重新构造了传统的工作和生活平衡,也对劳动力市场结构和工作伦理以及社会政策提出了新的挑战,带来了新的机遇。

这种灵活性产生的原因在于人工智能机器替代了人类劳动力的部分工作,让个体获得了更多可以自主安排的时间。这些时间既可以用于连续性劳动,也可以用于间歇性参与,进一步促进了工作和个人生活之间的平衡和多样性。但是这种灵活性具有两面性,对于希望通过劳动来满足民众日益增长的生活品质需求的工作者来说,弹性工作时间体现了劳动过程中的相对自主性,让其可以根据个人需求灵活调节工作时段,而对于以获取经济收益为重要目标的劳动活动来说,可变的工作时间则可能表现出一种更加精细的时间管理策略,目的是最大化效率和产出。

■ 拓展阅读

人工智能技术的广泛应用

人工智能技术正在深刻改变着我们的生活。在 2023 中关村论坛上,从自动驾驶到智能穿戴,从量子计算到 5G 通信,众多前沿科技的背后都离不开人工智能的支持。可以预见,未来 10 年,人工智能将继续改变各行各业以

及普通人的生活。

5G 通信与人工智能融合的新应用

截至 2023 年 5 月,我国 5G 用户已达 5.61 亿,累计建成 5G 基站 231.2 万个,全球占比超过 60%。中国联通展出的 5G 新通信智能交互平台充分运用了 5G 大带宽、低时延、泛连接的特点,结合人工智能技术实现了音视频交互应用。在金融行业,用户可以远程接入银行柜台服务,享受与现场办理同等的体验;在交通行业,该平台为老年乘客提供可视化交互的智慧助老服务。值得一提的是,该平台在国产化适配方面表现出色,支持采用华为麒麟芯片、联发科天玑芯片等的国产手机。

更聪明的数智人技术

数智人借助拟人化的外表和人工智能内核,已开始在金融、文旅、传媒等行业商业化落地。腾讯云推出的智能小样本数智人生产平台,只需 3 分钟真人口播视频和 100 句语音素材就能在 24 小时内制作出与真人近似的"数智人"。更令人兴奋的是,智谱人工智能推出的智谱人工智能脑数智人不再拘泥于固定的互动方式,而是具备了理解人类指令意图的能力,这得益于其基于千亿参数的 ChatGLM 大模型,使其成为既会中文又会英文的双语数智人。

自动驾驶技术的新突破

如今在亦庄等地已经可以打到百度自动驾驶车辆。无人驾驶技术的核心是百度汽车大脑 Apollo 平台,包括高精度地图、定位、感知、智能决策与控制四大模块。最新的 Apollo 引入了多个基于深度学习的模型,发布了基于语义地图的低速行人预测模型。与此同时,旷视科技发布的智能托盘四向穿梭车系统实现了"一车跑全仓"的柔性物流,用户企业可以像搭积木一样灵活组合,根据淡旺季变化随时调整设备数量。

人工智能助力智慧城市建设

在智慧城市建设中,人工智能扮演着重要角色。恒华数元展示的楼宇大脑神经网络系统碳管理平台,通过边缘计算服务器统一协调管理,使楼宇用能设备高效运转。针对占楼宇总能耗 40% 的空调系统,该平台通过与高校合作研发的策略算法,使空调系统节能率达 10% 及以上。这一项目已在广东、天津、江西等多个省份落地,未来居住小区、写字楼、商场都将向着绿色低碳方向发展。

智能穿戴设备的无障碍应用

"亮亮听语者智能眼镜"是一款双目光波导增强现实(AR)眼镜,可以将声音信息转换成文字显示,帮助听力受损人群克服交流障碍。它还具有同声传译功能,能识别不同国家语言并转换成汉字或其他文字。这款眼镜仅重 79 克,转译准确率最高可达 95% 及以上,具备毫秒级实时字幕和 5 米内精准收音功能,目前已具备量产能力。

视觉人工智能的重大突破

智源研究院推出的通用分割模型 SegGPT 是首个利用视觉提示完成任意分割任务的通用视觉模型。与传统文字交互不同,SegGPT 使用图像进行交互。用户给出示例图像并标注意图后,模型就能"有样学样"地完成类似分割任务。这项技术可以帮助机器人精准识别物体边缘,比如让机械手既能拿起西红柿又不会捏碎它。

发展前景与挑战

百度 CEO 李彦宏表示:"大模型改变了人工智能,大模型即将改变世界。"中国工程院院士戴琼海认为,人工智能将在科学研究、生命健康、经济发展、国防建设等方面带来变革。然而,创新工场 CEO 李开复也提醒我们,人工智能仍会出错,可能制造虚假信息,存在法律和伦理问题,因此在开发人工智能技术的同时,需要研究控制技术和管理法规,确保人工智能技术的安全发展。

(改编自《人工智能现在能有多"聪明"?》,央广网,2023-05-29)

单元二　未来劳动者应具备的劳动素质

面对新一代信息技术将为社会带来的颠覆性变革,作为未来主人翁的大学生要时刻树立探索精神,通过构建"智能 + 技能"的知识体系,在实践过程中培养发现问题、分析问题和解决问题的能力,主动接受技术进步带来的机遇与挑战。

未来劳动者应具备的劳动素质

一、塑造智能时代的探索精神

(一)培养智能时代的创新性思维

未来劳动的发展变化无疑对劳动者的创新能力、解决问题能力、变化适应能力、交流协作能力和终身学习能力提出了更高的要求。作为中国特色社会主义事业的建设者和接班人,大学生比任何群体都应具备更强的批判性思维和创新创造能力。

智能革命日益临近,大学生必须早做准备,以高效的学习方式和高昂的学习热情迎接人工智能时代。作为未来的劳动者,大学生不仅要努力提升

理论素质、锻炼专业的动手实践能力，还要学会发散思维、举一反三，通过创新性的思维方式对习以为常的事情进行合理质疑，提出新的假设，在实际生活学习中努力提升分析和解决问题的能力。

创新性思维是提升创新能力的基础，而对于创新思维的锻炼，则需要劳动者具备深厚的学科底蕴和健全的知识结构。在智能革命的大背景下，基于云服务的各类平台将整合数量更为庞大的数据库，大学生将有更多的机会和渠道查阅论文、书籍、网络公开课等知识资源。借助智能工具，人们可以在任何时候查找那些经过授权的内容，获取知识的目的也不再是单纯地记忆或应付考试，而是在学习、掌握基础知识的前提下总结经验、发现和解决新的问题，抑或从知识方法论中获取新灵感。

（二）学会用科学的方法解决问题

创新是未来劳动者必须具备的能力，而要想进行创新就离不开科学的思考方法和范式。当在工作、学习过程中遇到问题时，不要将思维局限于某一固定的模式和方法，要敢于在基于事实的基础上尝试提出新观点和新发现。

大学生在学习过程中要具有科学精神，在课内外实验和实训当中熟练掌握处理、分析数据的方法，按照实验步骤对相关问题作出假设检验，分析结果并得出独立观点。同时，大学生也要在创新活动当中多收集其他人的观点和意见，增强团队成员之间的协作能力，共同提升分析问题和解决实际问题的能力。

（三）勇于从事具有创造性的劳动

未来劳动不是简单劳动的加倍或者单调的重复劳动，而应该是具有特殊意义的创造性劳动。作为未来劳动者，大学生应经常关注国家重大战略部署，了解科技发展和产业变革的最新动向，积极对接国际国内前沿的创新创业项目，按照现阶段政府和社会的实际需求，主动参与项目的策划和实施，提升自身的劳动能力。

在实践中，大学生应当及时了解大数据、云计算、人工智能等新一代信息技术的基础知识，掌握未来劳动发展依靠的新技术和新方法，在就业创业当中不断培养自身的创造性劳动能力。

二、具备更高的数字素养

（一）数字工具运用能力

人工智能时代，技能人才将被划分为技术的创造者、使用者和协作者。技术创造者需要具备计算思维和数字能力，同时要拥有跨越数字科学和技术科学领域的综合素养,这种素养还应该涵盖自然科学和人文科学的相关知识。技术使用者需要掌握信息技术和数据分析处理方面的技能,还要具备内容开发能力,能通过运用信息技术来解决工作中遇到的各种实际问题。

未来劳动必然会依赖数字化工具的支持,这主要是因为智能建造和智能服务以及"云端"技术和智能机器人等各种形式的未来劳动,在抽象层面上都是围绕数据要素展开的劳动活动,这种劳动活动自然需要运用数字化工具来对信息进行有效的识别和选择,同时完成信息的过滤和存储以及合理使用。

■ 拓展阅读

透过新职业看见未来

近日,人力资源和社会保障部发布公示,拟新增 17 个新职业、42 个新工种。从跨境电商运营管理师到生成式人工智能系统测试员,从睡眠健康管理师到烧烤料理师,这些看似跨度极大的职业名录,折射出我国经济社会运行的新动能。

新职业释放就业新活力

当前,我国经济持续回升向好,但就业领域仍面临结构性矛盾,青年就业压力依然突出。在此背景下,拓展新的就业增长点尤为关键。此次公示的新工种多达 42 个,是近年来数量最多的一次,这释放出积极信号——新技术催生新岗位,新需求拓展新空间。

自 2019 年以来,人力资源和社会保障部已向社会发布 6 批 93 个新职业,涵盖平台经济、数字技术、绿色能源等多个领域。许多新职业已经从概念走向实践,深度嵌入各类行业运行。比如数字化管理师,几年前还在探索职业边界,如今已成为企业数字化转型中不可或缺的力量。新职业的发展不是简单的头衔命名,而是产业链条中真实发生的岗位重构。

拓展就业容量提升就业质量

新职业拓宽的不仅是个体职业发展路径,还有就业容量。过去几年,无论是直播电商、平台经济,还是人工智能、智慧物流,几乎每一个新兴领域都催生出大量的新工种、新岗位。这些岗位进入门槛相对灵活、用工形态更加多元、职业路径富有弹性,尤其适合吸纳青年和灵活就业群体。

新职业的发展也在悄然提升就业质量。一批高技能职业收入不菲,反映出新职业不仅有岗位、有空间,还有"含金量"。随着技术深入融合,已有的新职业分工也越来越细。只要发展路径清晰、制度保障跟上,新职业完全可以成为高质量就业的代表。

定义产业方向指引未来发展

新职业发展，离不开新产业成长壮大。当前，我国经济正经历由传统动能向新质生产力的转变。新职业的发布与认定，最终被纳入国家职业分类大典，既是在挖掘就业机会，更是在定义产业方向。此次公示的新职业，是从社会征集的近400份建议中层层筛选，经专家评审论证得出的。从某种意义上说，这份目录也是一份"看见未来"的清单，将为地方产业布局、人才政策制定、教育体系改革提供指引。

挑战与机遇并存

目前，部分劳动者仍对新职业缺乏了解，一些新职业尚未建立清晰的评价标准，也有不少从业者对新职业存在"听起来很酷，不知道能不能干长久"的顾虑。

破解这些问题，需要政策与市场的"双向奔赴"。一方面，要制定配套标准，加快新职业的培训体系建设；另一方面，要从教育端介入，推动对新职业的认知前移，让更多人听得懂、学得会、干得好。新职业正成为我国稳就业政策体系中的重要一环，为经济高质量发展注入新动力。

（改编自《透过新职业看见未来》，中国就业网，2025-05-26）

（二）数字媒介沟通能力

熟练运用数字媒介交互沟通是智能时代开展未来劳动的基础。根据不同的应用场景和对象，劳动者应具备在不同场合使用不同数字工具进行适应性交流的能力、在社交媒体上自由表达并有效传递正确信息的能力、参与社交和分享资源的能力等。

（三）数字信息判断能力

未来劳动需要劳动者具备正确判断数字媒体内容真伪的能力。随着时代不断向智能化、信息化深入迈进，未来劳动者不仅需要掌握运用搜索引擎等网络工具查阅相关学习与生活信息的能力，而且需要具有在信息大潮当中辨别是非的能力。在充分享受数字时代带来的便利的同时，我们应自觉规避信息时代隐藏的潜在影响和风险。

三、建立"智能＋技能"的知识体系

（一）稳抓智能时代专业技能的发展方向

智能时代为未来劳动者提供了开放而包容的成长空间和发展土壤。届时，学科与学科之间、学科与专业之间的藩篱将被打破，过于单一的知识体系将无法驾驭未来社会超学科知识链的要求。因此，作为未来劳动者的大学生,要在就读期间夯实自身专业基础知识,系统而全面地了解学科专业的知识结构。与此同时,可以借助高校间的资源共享平台,以及在线公开课、云课堂等在线课堂,共享智能交互的学习环境,将不同的学科专业逐步融合起来,力争成为具有复合背景的专业人才。

(二)在实践中强化"智能＋技能"的培养

未来劳动是基于智能化、数据化的劳动,部分产业已经实现无人化的工作场景。在不久的将来,会有越来越多专业精度要求高、危险性大的工作逐步智能化、数字化。对于大学生来说,无论智能劳动未来会替代多少人类劳动,作为一个领域的专家,一定要拥有让"人所不能"甚至让"智能所不能"的专业水平。

因此,当代大学生要进一步深化课堂教学成果,通过实习实验进一步了解专业领域的设备和操作,让专业知识能够学以致用。

(三)认真学习未来通用的劳动科学知识

智能革命无疑将会逐步改变乃至颠覆现有的劳动方式和劳动过程。但科学技术的进步在使一部分劳动岗位被替代的同时,无疑也会创造新的劳动岗位,这需要当代青年拥有更加敏锐的眼光和开放的视野。

对此,大学生要在提高业务能力的同时,密切关注智能时代我国劳动关系、劳动法、劳动者权利保障、职业安全与卫生、工会的作用与职能等通用劳动科学知识的变化,认真学习未来劳动相关法律法规,熟悉劳动关系的政策和运行机制,了解与社会保障相关的法律法规和相关政策,逐步树立诚实劳动、合法劳动、体面劳动的意识,以在未来就业中切实有效地保护自身合法权益。

在新一轮科技革命和产业变革的历史进程中,依靠并掌握最新科技是未来劳动的重要特点。大学生应具备能够适应时代的探索精神和创新性思维,学会用科学的方法思考问题、解决问题。同时,大学生也要稳抓智能时代专业技能的发展方向,及时掌握未来劳动所需要的新技术和新方法,努力提升数字素养,在实践中培养"智能＋技能"的劳动能力,认真学习未来通用劳动科学知识,了解未来劳动法律法规的变化,为即将到来的智能时代做好充分的知识储备。

思考训练

一、选择题

1.未来劳动中,劳动对象呈现出的新特征是( )。

A.纯粹自然物化

B. 物质材料化

C. 无形化

D. 标准化

2. 人工智能劳动的主要价值创造对象是（　　　）。

A. 传统物质材料

B. 大数据

C. 机械设备

D. 自然资源

3. "云端＋劳动"模式主要依托的技术基础是（　　　）。

A. 云服务

B. 机器人技术

C. 传统网络

D. 物联网设备

4. 智能化劳动工具的重要表现不包括（　　　）。

A. 自主能力提升

B. 适应性增强

C. 完全依赖人工操作

D. 柔性生产

5. 未来劳动者应具备的核心素质中，最基础的是（　　　）。

A. 体力劳动能力

B. 探索精神和创新性思维

C. 传统技能

D. 标准化操作能力

二、判断题

1. 人工智能技术的应用使劳动者获得更多自由时间，延长了劳动者自由支配的时间。　　　　　　　　　　　　　　　　　　　　　　　（　　　）

2. "智能＋劳动"模式是让机器完全替代人类做所有工作。　　（　　　）

3. 劳动场景无人化意味着所有劳动都不再需要人类参与。　　（　　　）

4. 虚拟空间与现实空间的交融打破了传统劳动的空间限制。　（　　　）

5. 未来劳动者的数字素养只需要掌握基本的计算机操作技能即可。

（　　　）

三、简答题

1. 简述智能革命时代背景下劳动要素发生的主要变化。

2.分析"数据＋劳动"模式的基本特征及其在实际应用中的表现。

3.说明劳动过程数字化对传统生产方式的影响。

4.阐述未来劳动者应如何建立"智能＋技能"的知识体系。

5.分析虚拟空间与现实空间交融给劳动场域带来的新变化。

主题实践

智能革命,未来已来

进入21世纪以来,以大数据、人工智能、5G、物联网等为核心的新技术风起云涌,迅速融入政治、经济、社会、文化、生态等领域。尤其是人工智能技术在生产领域的运用,不但极大地提高了劳动生产效率,促进了生产力的革命性发展,而且对现有劳动价值及其相关观念造成了巨大的冲击。随着人工智能逐渐代替劳动力,我们又该如何认识智能时代劳动的价值所在?

主题实践一　未来劳动形态调研

1.活动主题

通过实地调研和网络调查相结合的方式,深入了解人工智能、大数据等新技术在各行各业的应用情况,分析未来劳动形态的发展趋势,思考技术变革对劳动者的影响。

2.活动目标

知识目标:了解新技术在不同行业的应用现状,掌握未来劳动形态的基本特征。

能力目标:培养调研能力、数据分析能力和报告撰写能力。

态度目标:增强对技术发展的敏感性,树立适应变革的积极心态。

3.实施步骤

(1)确定调研行业和企业,制订调研方案。

(2)开展实地调研和问卷调查。

(3)收集整理相关数据和案例。

(4)分析调研结果,撰写调研报告。

(5)组织成果展示和经验交流。

4.活动评价

完成本主题实践活动之后,以小组会议的形式进行总结与思考。可以以小组为单位撰写学习总结，提交 PPT 演示文稿，并推选代表在总评会上讲解，小组之间相互进行点评，最后由教师进行总结评价。

（1）技能考核评价。

技能考核评价表

班级		姓名	
学号		小组成员	
实践项目			
实践流程			
结果分析			
自我评价		优秀□　合格□　不合格□	
教师评价		优秀□　合格□　不合格□ 教师签名：　　　年　　月　　日	

（2）学习过程评价。

学习过程评价表

序号	考核内容	配分(分)	评分标准	自评(分)	互评(分)	师评(分)
1	小组准备	10	小组分工明确，能够对学习任务内容及实施步骤进行精心准备			
2	知识运用	30	能够熟练、准确地运用所学知识完成主题实践			
3	成果展示与任务报告	20	成果展示内容充实、语言规范，主题实践活动报告结构完整、观点正确			
4	学习态度与课堂纪律	15	学习积极主动、态度认真，遵守教学秩序			
5	自主学习与动手能力	10	具有自学意识与较强的动手能力			
6	团队配合	15	具有团队意识，分工明确，问题得到解决，团队纪律良好			
总分统计		100				

注：综合得分 = 自评×30% + 互评×30% + 师评×40%。

主题实践二　智能时代职业规划

1. 活动主题

结合个人专业背景和兴趣特长,分析智能时代的职业发展趋势,制定个人职业发展规划,明确未来学习和发展方向。

2. 活动目标

知识目标:了解智能时代各行业的发展前景和人才需求。

能力目标:培养职业规划能力和自我发展能力。

态度目标:树立终身学习理念,增强职业发展的主动性。

3. 实施步骤

(1)分析个人专业背景和能力特点。

(2)调研相关行业和职业发展趋势。

(3)确定职业发展目标和路径。

(4)制订能力提升和学习计划。

(5)撰写个人职业发展规划书。

4. 活动评价

完成本主题实践活动之后,以小组会议的形式进行总结与思考。可以以小组为单位撰写学习总结,提交 PPT 演示文稿,并推选代表在总评会上讲解,小组之间相互进行点评,最后由教师进行总结评价。

(1)技能考核评价。

技能考核评价表

班级		姓名	
学号		小组成员	
实践项目			
实践流程			
结果分析			
自我评价	优秀□　合格□　不合格□		
教师评价	优秀□　合格□　不合格□ 教师签名:　　　年　　月　　日		

(2)学习过程评价。

学习过程评价表

序号	考核内容	配分(分)	评分标准	自评(分)	互评(分)	师评(分)
1	小组准备	10	小组分工明确,能够对学习任务内容及实施步骤进行精心准备			
2	知识运用	30	能够熟练、准确地运用所学知识完成主题实践			
3	成果展示与任务报告	20	成果展示内容充实、语言规范,主题实践活动报告结构完整、观点正确			
4	学习态度与课堂纪律	15	学习积极主动、态度认真,遵守教学秩序			
5	自主学习与动手能力	10	具有自学意识与较强的动手能力			
6	团队配合	15	具有团队意识,分工明确,问题得到解决,团队纪律良好			
	总分统计		100			

注:综合得分 = 自评×30% + 互评×30% + 师评×40%。

参 考 文 献

[1] 陈英和. 发展心理学[M]. 北京:北京师范大学出版社,2015.

[2] 程如平. 大学生职业发展与就业指导[M]. 4版. 厦门:厦门大学出版社,2023.

[3] 方伟. 大学生职业生涯规划咨询案例教程[M]. 北京:北京大学出版社,2008.

[4] 贺杰,朱光辉. 大学生职业生涯发展规划与就业指导[M]. 南京:东南大学出版社,2008.

[5] 胡君辰. 人力资源开发与管理教学案例精选[M]. 上海:复旦大学出版社,2001.

[6] 胡维芳,顾卫东,方翰青. 职业心理理论与实践[M]. 北京:科学出版社,2014.

[7] 黄维德,董临萍. 人力资源管理[M]. 2版. 北京:高等教育出版社,2005.

[8] 金树人. 生涯咨询与辅导[M]. 北京:高等教育出版社,2007.

[9] 李家华,张玉利,雷家骕. 创业基础[M]. 2版. 北京:清华大学出版社,2015.

[10] 李忠军,王占仁. 大学生职业生涯规划概论[M]. 北京:中国人民大学出版社,2014.

[11] 罗双平. 职业选择与事业导航:职业生涯规划技术[M]. 北京:机械工业出版社,2007.

[12] 牟德刚,孙广福,廖传景. 大学生职业生涯发展与就业指导[M]. 北京:科学出版社,2011.

[13] 石笑寒,张艺. 大学生职业生涯发展与规划[M]. 北京:清华大学出版社,2017.

[14] 孙昀. 大学生职业生涯规划[M]. 北京:高等教育出版社,2015.

[15] 覃彪喜. 读大学,究竟读什么[M]. 广州:南方日报出版社,2012.

[16] 吴芝仪. 我的生涯手册[M]. 北京:经济日报出版社,2008.

[17] 夏光. 大学生职业生涯规划指南[M]. 北京:机械工业出版社,2009.

[18] 谢守成. 大学生职业生涯发展与规划[M]. 武汉:华中师范大学出版社,2009.

[19] 徐俊祥,兰华. 幸福密码:大学生学业与职涯发展导航[M]. 北京:现代教育出版社,2017.

[20] 张恩生,刘相明,李辉. 大学生职业生涯规划[M]. 济南:山东大学出版社,2006.

[21] 赵北平,雷五明. 大学生生涯规划与职业发展[M]. 武汉:武汉大学出版社,2006.

[22] 赵慧娟. 大学生职业生涯规划[M]. 北京:北京大学出版社,2014.

[23] 钟谷兰,杨开. 大学生职业生涯发展与规划[M]. 上海:华东师范大学出版社,2008.

[24] 周浩杰. 大学到底怎么读[M]. 广州:南方日报出版社,2008.

[25] 周莉. 职业生涯规划[M]. 北京:中国人民大学出版社,2014.